Andreas Gran

Rechtswissen für junge Menschen

Ein Guide für viele Lebenssituationen

WOCHEN
SCHAU
VERLAG

Bibliografische Information der Deutschen Nationalbibliothek

Die Deutsche Nationalbibliothek verzeichnet diese Publikation in der Deutschen Nationalbibliografie; detaillierte bibliografische Daten sind im Internet unter http://dnb.d-nb.de abrufbar.

Dr. Kurt Debus GmbH, Eschborner Landstr. 42–50, 60489 Frankfurt am Main

info@wochenschau-verlag.de
www.wochenschau-verlag.de

Gesamtherstellung: Wochenschau Verlag
Gedruckt auf chlorfrei gebleichtem Papier
Titelbild: KI-generiert durch Wochenschau Verlag
Print-ISBN 978-3-7344-1738-2
PDF-ISBN 978-3-7566-1738-8
https://doi.org/10.46499/2652
ISSN 2944-232X
eISSN 2944-2338

Inhalt

Einleitung: Lesen schützt dich

Dieses Buch soll dir helfen, dich als junger Mensch, also noch nicht 27 Jahre alt, besser „zu Recht zu finden". Es erklärt dir anhand von 30 Lebenssituationen deine individuelle Rechtsposition und was es heißt, in einem Rechtsstaat zu leben. Auf geht's.

Wissen ist Recht

Rechtswissen – brauchst du das? In der Schule lernt man einiges über unseren Rechtsstaat, aber nicht allzu viel über die Rechtsvorgaben für unseren Alltag, obwohl es im Leben praktisch hilft. „Wissen ist Recht": Wenn du dich nicht auskennst, können dich andere ausnutzen und „über den Tisch ziehen". Ein Gefühl der Unsicherheit ist die Folge. Unsere Gesellschaft ist so durchdrungen von rechtlichen Vorgaben, dass es einfach dem Selbstschutz dient, wenn du davon Ahnung hast und dich im Zweifelsfall verteidigen kannst. Das ist „ungerecht", aber so ist das Leben: Leute mit Know-how haben eine bessere Position. Man versteht, warum etwas nicht änderbar ist oder wie man es ändern kann. Für deine Zukunft ist das nützlich.

Wie im wirklichen Leben

Achtung: Was in diesem Buch steht, hat nichts mit rechtswissenschaftlicher Tiefe zu tun. Darum geht es hier nicht. Hier soll vielmehr in verständlicher Sprache und mit viel Praxisbezug aus dem Alltag Wissen vermittelt werden, ohne dass es zu abstrakt und theoretisch ist. Dir sollen beim Lesen nicht die Augen zufallen. Als jungem Menschen begegnen dir viele Schwierigkeiten, aber das bekommst du alles in den Griff. Lass dir Zeit, vertrau auf dich und habe Spaß daran, dich fit zu machen für dein weiteres, hoffentlich langes und spannendes Leben.

Weil die Thematik etwas langweilig sein kann, wenn man sich nur mit Paragrafen, Urteilen usw. beschäftigt, beschreibe ich dir die wichtigen Dinge anhand von konkreten Lebenssituationen, in die junge Menschen typischerweise geraten können. Sobald du mit anderen in Kontakt kommst, ergeben sich typische Rechtsprobleme.

Gesetzestexte habe ich an verschiedenen Stellen platziert, aber nur, um eine Vorstellung zu vermitteln, welche genauen Formulierungen dort zu den jeweiligen Themen stehen. Wenn du weiterlesen und dich über einzelne Themen genauer informieren möchtest, kannst du das mithilfe der QR-Codes tun.

Zu den verschiedenen Rechtsproblemen findest du abschließend Merksätze. Sie fassen das Wichtigste zusammen.

Insgesamt geht es darum, ein besseres Verständnis für die beschriebenen Rechtsprobleme zu entwickeln. Juristinnen und Juristen kennen meistens die „Lösungen“ für solche Problemsituationen und du wirst auch bald vieles davon besser verstehen. Im Sinne der besseren Lesbarkeit dieses Buches verwende ich übrigens nicht durchgehend weibliche und männliche Formen. Es sind aber selbstverständlich immer alle Geschlechter gemeint.

Was ist eigentlich Recht?

„Recht", das ist ein Begriff, der oft verwendet wird, ohne dass seine Bedeutung klar ist. Wenn Menschen gefragt werden, was sie darunter verstehen, wird oft auf „Regeln", „Gesetze" und „Vorgaben" Bezug genommen. Das macht auch Sinn, denn in der Tat begegnet uns Recht meistens, wenn uns der Staat, den wir in unserer Demokratie mitgestalten können, vorgibt, wie wir uns zu verhalten haben. Aber eigentlich ist „Recht" mehr als nur das, was uns die Regierung vorschreibt.

Aufgeschrieben und empfunden

Wir haben ein rechtliches Empfinden quasi in die Wiege gelegt bekommen. So wie wir kalt und warm unterscheiden können, haben wir auch ein Grundgefühl davon, was gerecht ist. Wer betrunken einen Verkehrsunfall verursacht, muss das demolierte Auto ersetzen; wer jemandem etwas abkauft, muss den Kaufpreis bezahlen; und wer jemandem etwas klaut, muss es zurückgeben. Da sind wir uns wohl alle einig.

Aber was Recht ist, wird nicht von allen gleichermaßen als „gerecht" empfunden, es gibt viele Rechtsthemen, über die diskutiert wird. Somit wäre keine Rechtssicherheit möglich, wenn wir nur nach unserem jeweiligen Rechtsempfinden zusammenleben würden. Um Klarheit zu schaffen, gibt es viel niedergeschriebenes Recht, u.a. im Bürgerlichen Gesetzbuch (BGB), im Strafgesetzbuch oder im Handelsgesetzbuch. Dort sind Rechtsfolgen konkret dokumentiert. Das schafft Verlässlichkeit und Vorhersehbarkeit. Deshalb können wir festhalten: „Recht" ist eine Mischung aus einem menschlichen Empfinden und dem, was uns Machthabende auferlegen.

Was du in diesem Buch zu lesen bekommst, sind insbesondere die Rechtsvorgaben, wie sie in Deutschland gelten. Sie ändern sich oft und wir haben etwa 5000 Gesetze und Verordnungen in der Bundesrepublik. Da finden sich auch Juristinnen und Juristen kaum zurecht. Trotzdem kein Grund, den Kopf in den Sand zu stecken, denn die wirklich wichtigen Rechtsvorgaben sind nicht so kompliziert.

Ein Problem ist aber schon die Unverständlichkeit vieler Normen. Nehmen wir an, du kaufst dir ein neues Fahrrad und die Kette springt beim Fahren immer heraus. Dann willst du das im Fahrradladen reklamieren und herausfinden, was dein Recht ist. Beim Stöbern im Internet kommst du bestimmt darauf, dass dies in unserem Bürgerlichen Gesetzbuch geregelt ist, und dann findest du auch noch den Paragraphen, der „Rechte des Käufers bei Mängeln" regelt. Viel Spaß beim Lesen dieser Vorschrift:

„Ist die Sache mangelhaft, kann der Käufer, wenn die Voraussetzungen der folgenden Vorschriften vorliegen und soweit nicht ein anderes bestimmt ist,
nach § 439 Nacherfüllung verlangen,
nach den §§ 440, 323 und 326 Abs. 5 von dem Vertrag zurücktreten oder nach § 441 den Kaufpreis mindern und
nach den §§ 440, 280, 281, 283 und 311a Schadensersatz oder nach § 284 Ersatz vergeblicher Aufwendungen verlangen."

Von solchen Rechtsregelungen stehen weit mehr als 2000 allein in diesem wichtigen Gesetzbuch. Viel Spaß bei der Lektüre!

Bei welchem Paragraphen hast du aufgehört? Alles klar? Hm, da braucht man schon etwas mehr Erklärung. Viele andere Vorschriften müssen auch noch gelesen werden, um das zu verstehen. Der reine Gesetzestext ist also oft nicht hilfreich, da verweisen Paragrafen auf Paragrafen.

Eine Studie zum Rechtswissen in der Bevölkerung, die ich selbst vor einigen Jahren erstellt habe[1], hat ergeben, dass die meisten Rechtsvorgaben im BGB unbekannt sind. Die dort gestellten Fragen bezogen sich auf Alltagssituationen, z.B. darauf, ob ein Kaufvertrag über ein Auto nur schriftlich wirksam ist. Obwohl bei der Gesetzgebung beabsichtigt war, Rechtskenntnisse breit zu vermitteln, ist dies also nicht intensiv geglückt. Das BGB ist nicht „bürgernah“ und das liegt u.a. daran, dass seine Inhalte nicht breit gelehrt werden.

Übrigens ist das BGB in weiten Teilen so alt, dass es schon viele, auch schlimme Epochen der deutschen Geschichte überlebt hat. Möglich war das u.a., weil es inhaltlich oft nicht ganz eindeutig ist. Richterinnen und Richter sind also relativ flexibel, wie sie die einzelnen Bestimmungen anwenden. Das nennt sich *Auslegung* – und die wurde im deutschen Faschismus furchtbar missbraucht.

Wer hat eigentlich das Recht zu bestimmen, was das Recht ist?

Rechtliche Vorschriften werden bei uns auf demokratischem Weg geschaffen. „Gesetzgeber“ sind in der Bundesrepublik Deutschland der Bundestag und der Bundesrat, bestehend aus Frauen und Männern mit oft ganz unterschiedlichen Rechtsansichten. Gesetze werden im Bundestag, unserem Parlament, von politischen Parteien in sog. Fraktionen durch Anträge eingebracht, und dann wird von den Bundestagsabgeordneten darüber diskutiert und abgestimmt. Danach wird oft noch der Bundesrat einbezogen und dort entscheiden ebenfalls Menschen, die als Ergebnis von Wahlen von der Bevölkerung berechtigt wurden, bei der Schaffung von Recht mitzuwirken. Das ist also eigentlich ein politischer Vorgang, dazu wird in unseren Schulen auch viel vermittelt. Wichtig ist in unserem Zusammenhang jedoch, dass Politikerinnen und Politiker letztlich dafür da sind, Interessen durch Gesetze usw. umzusetzen. Ohne sich etwas mit Rechtswissen zu befassen, wird es also auch schwer, Politik zu verstehen und zu entscheiden, wen man wählen möchte.

Ein konkretes Beispiel: Wenn du der Meinung bist, dass es zu viele Menschen mit wenig Geld gibt und andere zu viel haben, gibt es Parteien, die sich dafür einsetzen, dass diese Kluft kleiner wird. Deshalb wurde u.a. das Mindestlohngesetz durchgesetzt, das auch unmittelbar für dich relevant ist, wenn du einen Job hast. Es besteht also ein klarer Zusammenhang zwischen Politik und Recht, und mit unserer Stimmabgabe tragen wird zur Gestaltung des Rechts bei.

Damit aber nicht nur die Politikerinnen und Politiker entscheiden, welches Recht gilt, haben wir in unserer Demokratie den Grundsatz der Gewaltenteilung. Die beschriebene Gesetzgebung nennen wir *Legislative*. Es gibt zudem die *Exekutive*, also diejenigen, von denen das Recht umgesetzt wird, im Bereich des Schulrechts beispielsweise Lehrerinnen und Lehrer. Ganz wichtig ist außerdem die *Judikative:* Das sind unsere Gerichte, die kontrollieren, ob Gesetze überhaupt korrekt sind und ob sie richtig angewendet werden.

Auch hierzu ein Beispiel: Ob eine Lehrerin oder ein Lehrer dir Handyverbot erteilen kann, ist schulrechtlich vorgegeben. Wenn das passiert, wird also dieses Recht durchgesetzt. Das ist den Schulen grundsätzlich möglich. Dann ist erstmal Schluss mit Handynutzung. Falls du dich dagegen wehren magst, können Gerichte feststellen, ob dieses Verbot zu weit ging, beispielsweise, weil du dein Handy nur in einer Freistunde auf dem Schulhof genutzt hast, um deine Eltern etwas zu fragen. Oft ist nämlich der Gesetzestext nicht ganz klar und die Richter haben dann das letzte Wort.

Zum Abschluss dieser einleitenden Überlegungen ein Zitat, über das es sich nachzudenken lohnt, weil es verdeutlicht, wie subjektiv Rechtsempfinden ist:

„Wenn Recht zu Unrecht wird, wird Widerstand zur Pflicht."
(Bertolt Brecht, 1898–1956, deutscher Dramatiker und Lyriker)[2]

Merke: „Recht“ ist nicht klar bestimmbar. Es ist eine Mischung aus unserem Gerechtigkeitsempfinden und dem, was die Gesetzgebung uns vorgibt, aufschreibt, kodifiziert, normiert. Dein eigenes Gefühl für Recht ist in gewisser Weise angeboren und wird täglich gelebt. Dabei helfen Nachdenken, Zuhören und neugierig sein.

Anarchie ist machbar?

Da wir jetzt den Begriff „Recht“ besser verstehen, können wir uns überlegen, ob es überhaupt Regeln, Vorgaben und Strafen geben muss. Frag doch mal Leute in deinem Umfeld, ob sie denken, dass wir Menschen ohne rechtliche Vorgaben miteinander auskommen würden. Wahrscheinlich werden bei einigen die Augenbrauen hochschnellen, allein bei der Vorstellung, dass es keine Polizei gäbe, um Recht durchzusetzen. Eine Antwort auf eine Welt ohne Regeln hieße: „Das wäre ja Chaos“. Aber warum? Weil „die anderen“ sich nicht ordentlich verhalten würden. Und warum verhalten sie sich nicht ordentlich? Na klar, weil sie nicht dazu gezwungen werden oder bestraft, wenn sie Regeln brechen. An die eigene Nase fassen sich nur wenige.

Manchmal kommt auch ein Hinweis auf „Anarchie“, oft ohne genaues Wissen, was das eigentlich ist. Dieser Begriff beschreibt „Obrigkeitslosigkeit“, also die Idee, dass kein Mensch anderen Menschen irgendwelche Vorgaben macht, wie gelebt wird, und trotzdem alle irgendwie klarkommen. Wer das ernst nimmt, hat ein positives Menschenbild und glaubt, dass wir ohne Zwang solidarisch und empathisch genug sind, damit das Zusammenleben funktioniert. Unordnung ist also nicht das Ziel: Das Zeichen für Anarchie, das du vielleicht schon

an Häuserwänden gesehen hast, besteht aus einem O für Ordnung mit dem Anarchie-A darin.

Ob das funktionieren würde, ist allerdings fraglich. Irgendjemand sollte die Regeln schon – notfalls zwangsweise – durchsetzen können, denn es gibt ja durchaus Egoismus, manchmal ist man sich selbst der Nächste und die Artgenossen sind dann nicht so wichtig. Mach dir einfach Gedanken, ob du eher in einen „starken Staat" oder in die soziale Kompetenz deiner selbst und deiner Mitmenschen Vertrauen setzt. Die Wahrheit liegt, wie so oft, wohl irgendwo in der Mitte.

Du findest sicher deinen eigenen Weg, aber bestimmt verstoßen wir alle irgendwann mal gegen Vorgaben: beispielsweise Parken trotz Parkverbot, was auch als „Kavaliersdelikt" empfunden wird. Dir fallen sicher viele Beispiele ein, wo das Recht „gebeugt" wird. Kurzum, alle Menschen sind nicht immer hundertprozentig rechtstreu. Dennoch brauchen wir einen Rechtsstaat, in dem die Bürgerinnen und Bürger, ob jung oder alt, zumindest im Grundsatz die Rechtsregeln akzeptieren und aus Rücksichtnahme einhalten. Zum Zusammenleben gehört, dass die eigenen Rechte nur soweit gehen, bis sie die Rechte der anderen einschränken. Das ist ein wichtiger Teil von Solidarität, das friedliche Miteinander von Menschen.

Merke: Recht ist beides, einerseits Gesetzestext, also die niedergeschriebenen Normen, und andererseits unser individuelles Gerechtigkeitsempfinden, also das sog. *Judiz.* Im Rechtsstaat braucht es Durchsetzbarkeit, aber das Vertrauen in Menschen sollte dadurch nie in den Hintergrund geraten.

Recht verständlicher gemacht

Manche sagen, Recht sei eine schwabbelige Masse, die zu greifen so schwer ist, wie einen Pudding an die Wand zu nageln.

Jura – ist das nicht trocken?

Nun, ein wenig stimmt das schon und das kann auch nerven, weil Recht manchmal einfach nicht griffig ist. Manches ist unpräzise, aber das ist nun einmal so bei einer Geisteswissenschaft – ganz anders als bei Naturwissenschaften. Im Biounterricht lernt ihr, dass Pflanzen mit Wasser und Sonne wachsen, und in Physik, dass du einen Stromschlag durch Elektrokabel bekommen kannst (muss nicht mehr ausprobiert werden). Bei der formalen Wissenschaft Mathematik ist die Wurzel aus der Zahl 9 die Zahl 3. Da gibt es auch keine unterschiedlichen Ansichten.

Ob es aber richtig ist, dass junge Menschen ab dem 7. Geburtstag Verträge abschließen dürfen, ist nicht nachweisbar, sondern quasi Ansichtssache. Das sehen manche so, andere anders. Deshalb gibt es den Spruch „Zwei Juristen, drei Meinungen" – nicht ganz falsch. Recht ist also subjektiv, aber oft auch einfach logisch. Beispiel: Wenn du etwas verkaufst, erhältst du den Kaufpreis und musst ihn selbstverständlich nicht selber zahlen. Daran dürfte auch niemand zweifeln. Es ist also eindeutiges Recht. Deshalb steht das auch genauso im Gesetz: „Der Käufer ist verpflichtet, den vereinbarten Kaufpreis zu zahlen." In diesem Buch geht es darum, dir solche logischen Rechtsvorgaben zu erklären, denn danach richten sich auch die Gerichte in Streitfällen.

Struktur hilft

Um die Masse an Recht besser erfassen zu können, sollte die Materie zerlegt werden. Gleich vorab: Ein Teil des Rechts betrifft dich beim Kontakt mit deinen Mitmenschen oder Unternehmen, der andere Teil betrifft dich im Verhältnis zum Staat.

Das Erste nennt sich *Privatrecht.* Hierbei geht es aber nicht nur um das Privatleben. Es betrifft insbesondere sog. Vertragsbeziehungen, mit denen du deine Rechtssituationen ausgestalten kannst. Konkret kannst du dir im Internet etwas Hübsches oder Nutzloses bestellen und dann musst du dafür irgendwann Geld bezahlen. Das ist deine Handlungsfreiheit. Sie wird *Privatautonomie* genannt: Bei uns in Deutschland sind die Bürgerinnen und Bürger weitgehend frei bei der Entscheidung, ob und mit wem sie eine Rechtsbeziehung eingehen wollen.

Genau deshalb hilft es, sich auszukennen, denn der Staat nimmt einen nicht an die Hand. Es gibt zwar Schutz bei Unwissenheit, insbesondere für Verbraucherinnen und Verbraucher – und eben auch für junge Menschen –, aber eigentlich steht Eigenverantwortlichkeit im Vordergrund. In diesem Buch erfährst du viel darüber, was dir der Gesetzgeber für Möglichkeiten zur Gestaltung deiner Rechtsbeziehungen gibt, beispielsweise, wie du Verträge abschließen oder aufheben kannst.

Den zweiten großen Teil der Rechtsbeziehungen kannst du nicht weitgehend frei gestalten, der Staat gibt dir hier viel vor. Also müssen wir uns so verhalten, wie es der Staat vorgibt, dieser Bereich nennt sich *Öffentliches Recht.* Dazu zählen auch die Strafgesetze, und wenn gegen die verstoßen wird, gibt es Sanktionen, vielleicht sogar Gefängnishaft. Im Buch gebe ich dir einen Überblick über solche staatlichen Vorgaben.

Erste Erkenntnis, damit die Bäume nicht den Blick auf den Wald versperren: Zwei große Teilbereiche gibt es – alles, was der Staat dir vorgibt, und alles, was dein Rechtsverhältnis zu anderen betrifft, jeweils aufgedröselt in viele Unterbereiche.

IV Wo die Rechtsprobleme lauern

Gesetzestext gibt es in tausenden von Seiten, massenhaft Normen, verschlungene Sätze. Das ist sicher (meistens) gut durchdacht, um die realen Probleme bei Konflikten zwischen Menschen zu erfassen und zu regeln. Allerdings fehlt dabei eine Gewichtung, was denn nun relevant ist. Deshalb möchte ich dir zeigen, wie Rechtsanwältinnen und Rechtsanwälte das einschätzen.

Instinkt der Anwältinnen und Anwälte

Um Geld damit zu verdienen, Kundinnen und Kunden – also Mandanten – passenden Rechtsrat zu geben, sollte ein Gefühl dafür bestehen, wo der Schuh (häufig) drückt. Eine Rechtsanwältin oder ein Rechtsanwalt kann natürlich ein Schild mit besonderen Hinweisen an die Tür der Kanzlei hängen und allen erzählen, dass sie/er auf Sneaker-Recht (gibt es natürlich nicht) spezialisiert ist und ganz besonders erfahren, wenn es um den Umtausch von Turnschuhen geht. Das Büro dürfte dann allerdings ziemlich verstauben, denn das ist kein spannender Bereich. Was passiert, wenn du dir Schuhe kaufst, deren Sohle sich verselbstständigt, weißt du selbst, wenn du dieses Buch gelesen hast.

Um Ratsuchenden dort zu helfen, wo es ihnen wichtig ist, spezialisieren sich Kolleginnen und Kolleginnen auf die typischen Rechtsprobleme, die Menschen Sorgen bereiten und die speziellere Rechtskenntnisse erfordern. Dafür haben die Rechtsanwaltskammern besondere Fachanwaltsbezeichnungen entwickelt. Wenn man in diesen Gebieten Erfahrungen gesammelt und Prüfungen bestanden hat, dann darf die jeweilige Fachanwaltsbezeichnung auf die Visitenkarten gedruckt werden.

Zoff in Schubladen

Dieser Instinkt der Rechtsanwaltschaft hilft uns, die großen Boxen der Rechtsprobleme zu erkennen. Bildlich gesprochen werden die Konfliktbereiche dort hineingelegt. Was sind das für Bereiche, in denen schwerpunktmäßig Rechtsprobleme auftauchen? Sie zu kennen kann helfen, dir bei der riesigen Masse besser klarzumachen, was in der Praxis und wohl auch in deinem Leben wichtig ist oder werden kann. Die *Fachanwaltschaften* werden hier kurz umschrieben und dann jeweils mit einem Beispiel für junge Menschen versehen. Lass uns mit einem Blick auf die größten Bereiche beginnen:

- *Arbeitsrecht,* einerseits Streitigkeiten beim Arbeiten, andererseits Gewerkschaften usw. Beispiel: Junge Menschen brauchen Schutz, wenn der Chef maßlos Überstunden verlangt.
- *Familienrecht,* welche Rechte und Pflichten gibt es für Mutter, Vater, Bruder, Schwester und dich? Beispiel: Junge Menschen benötigen für ihr Studium finanzielle Unterstützung durch die Eltern.
- *Steuerrecht,* gibt vor, was an den Staat gezahlt werden muss. Beispiel: Junge Menschen jobben und müssen beim Mini-Job keine Steuern zahlen.
- *Verkehrsrecht,* damit Unfälle vermieden werden. Beispiel: Junge Menschen fahren mit Alkohol im Blut und verursachen einen Unfall.
- *Strafrecht,* der Staat will so ein Verhalten nicht. Beispiel: Jugendlichen wird Lachgas verkauft, obwohl es schädlich ist.

Das sind Bereiche, die auch viele junge Menschen betreffen. Sie werden im Buch – mehr oder weniger intensiv – behandelt.

Weiter geht es mit Gebieten, die auch wichtig für dich sein können und die viel Rechtsberatung erfordern:

- *Bank- und Kapitalmarktrecht,* Geld anlegen, Geld brauchen. Beispiel: Junge Menschen brauchen Hilfe, wenn sie aus einem Kreditvertrag mit hohen Zinsen herauswollen.

- *Erbrecht,* etwas hinterlassen, etwas hinterlassen bekommen. Beispiel: Junge Menschen möchten berechnen, wie viel sie und die Geschwister jeweils erben.
- *Gewerblicher Rechtsschutz,* damit klar wird, wer Gedanken und Geschmack zu Geld machen kann. Beispiel: Jungen Menschen verkaufen Klamotten mit Fake-Label.
- *Informationstechnologierecht,* damit die Nutzung von Hard- und Software geregelt ist. Beispiel: Junge Menschen entwickeln ein Computerspiel und wollen, dass Kunden für „Lizenzen" zahlen.
- *Miet- und Wohnungseigentumsrecht,* bestimmt Rechte und Pflichten im Zusammenhang mit dem Dach über dem Kopf. Beispiel: Jungen Menschen wird vom Vermieter verboten, eine Party zu veranstalten.

Auch die folgenden Bereiche können den Alltag junger Menschen betreffen. Sie sind im Buch ebenfalls erwähnt:

- *Medizinrecht,* damit Rechte von Patientinnen und Patienten klarer sind. Beispiel: Junge Menschen möchte ein Präparat kaufen, das nur mit Rezept an Volljährige verkauft werden darf.
- *Sozialrecht,* Ansprüche gegen den Staat, damit es allen „halbwegs" gut geht. Beispiel: Junge Menschen bitten um finanzielle Hilfen vom Staat für ihre Ausbildung.
- *Sportrecht,* Rechtsprobleme von Sportlern und Vereinen. Beispiel: Junge Menschen verhandeln, damit sie als Profis bezahlt werden.
- *Versicherungsrecht,* damit klar wird, wann Versicherungen zahlen müssen. Beispiel: Jungen Menschen wird das Fahrrad gestohlen, aber vorgeworfen, sie hätten es nicht abgeschlossen.
- *Verwaltungsrecht,* Vorgaben für unsere Behörden. Beispiel: Jungen Menschen beschweren sich, weil ihnen der Studienplatz verweigert wird.

Zum Schluss liste ich noch solche Bereiche auf, die zwar wichtig sind, im Leben junger Menschen aber noch keine allzu große Bedeutung haben, insbesondere, weil es eher um unsere Wirtschaft geht.

- *Agrarrecht,* Probleme der Landwirtschaft, auch Umwelt. Beispiel: Junge Menschen auf einem Öko-Bauernhof wollen staatliche Unterstützung, weil sie Biogemüse anbauen.
- *Bau- und Architektenrecht,* wie, wo und was man bauen darf und was im Streitfall gilt. Beispiel: Junge Menschen errichten in einem Schrebergarten eine Hütte und bekommen eine Abrissverfügung.
- *Handels- und Gesellschaftsrecht,* weil es besonders oft Stress gibt, wenn Geschäfte gemacht werden, auch untereinander. Beispiel: Junge Menschen verkaufen zusammen mit Freunden selbstgemachte T-Shirts und einer bestellt im Alleingang neue Stoffe.
- *Insolvenzrecht,* damit der Staat eingreifen kann, wenn Unternehmen pleite sind. Beispiel: Junge Menschen arbeiten in einem Restaurant, das dichtgemacht hat und kein ausstehendes Gehalt zahlt.
- *Internationales Wirtschaftsrecht,* Länder vereinbaren grenzüberschreitende Zusammenarbeit. Beispiel: Junge Menschen möchten an einer Hochschule in einem anderen Land der Europäischen Union studieren.
- *Migrationsrecht,* regelt, wer in Deutschland leben darf. Beispiel: Junge Menschen möchten eingebürgert werden.
- *Transport- und Speditionsrecht*, Konflikte rund um die Beförderung von Gütern. Beispiel: Junge Menschen ziehen um und die Möbel kommen verkratzt an.
- *Urheber- und Medienrecht*, damit Kunst, Musik, Filme usw. nicht einfach kopiert werden können. Beispiel: Junge Menschen erstellen für YouTube einen Beitrag, den andere übernehmen und verkaufen.
- *Vergaberecht*, wenn der Staat mit Steuergeld Aufträge erteilt, muss „Vetternwirtschaft“ vermieden werden. Beispiel: Der

Architekt einer Schule muss bessere Preise anbieten als seine Konkurrenz.

Da lauern sie also, die Rechtskonflikte, und im Alltag junger Menschen kann vieles davon vorkommen. Manches erspare ich dir, denn es soll hier ja nicht um alle möglichen Facetten des Rechts gehen, sondern um dein Leben.

Merke: Um von der Komplexität der massenhaften Rechtsprobleme nicht überfordert zu werden, ist es nützlich, die wesentlichen Bereiche zu identifizieren, zu zerlegen und voneinander logisch abzugrenzen. So arbeiten Juristinnen und Juristen. Das ist allerdings ziemlich abstrakt. Darum besteht die Idee dieses Buches darin, greifbare Lebenssituationen zu beschreiben, in denen unterschiedliche Rechtsbereiche vorkommen, an die zumindest gedacht werden sollte.

V Junge Menschen im Recht

Der Titel des Buches bezieht sich auf „junge Menschen". Was ist jung, was ist alt? Wie sehen die Älteren die Jungen? Fangen wir mit einem uralten Vorurteil an:

> „Die Jugend liebt heutzutage den Luxus. Sie hat schlechte Manieren, verachtet die Autorität, hat keinen Respekt vor den älteren Leuten und schwatzt, wo sie arbeiten sollte. Die jungen Leute stehen nicht mehr auf, wenn Ältere das Zimmer betreten. Sie widersprechen ihren Eltern, schwadronieren in der Gesellschaft, verschlingen bei Tisch die Süßspeisen, legen die Beine übereinander und tyrannisieren ihre Lehrer." (Sokrates, 469–399 v.Chr., griechischer Philosoph)[3]

Oha, das war wohl zumindest früher eine Sicht auf junge Menschen und möglicherweise gibt es die noch heute …

Junge Menschen, alte Menschen

Der Begriff „Generation Z" wird manchmal definiert als Jahrgänge 1995–2010, teils auch 1997–2012, jedenfalls die Nachfolgenden der mittlerweile älteren Generation Y. Davon sind viele im üblichen Wortsinn schon noch ziemlich junge Menschen. An so einer Generationseinteilung müssen wir uns aber nicht orientieren. Wir können natürlich unsere durchschnittliche Lebenserwartung zu Grunde legen, dann ist man bis zur Hälfte jung, nach der Hälfte alt, das macht aber nicht wirklich Sinn. Ob man jung oder alt ist, hängt mit dem persönlichen Lebensgefühl zusammen. Jetzt sind wir aber schon mitten im „Recht", denn dort gibt es eine klare Definition, was ein „junger Mensch" ist. Übrigens werden da die Älteren freundlicherweise nicht als „alt" bezeichnet, sondern nur nicht mehr als „jung". Der unten aufgeführte Gesetzestext ist ein schönes Beispiel dafür, dass im Gesetz manchmal ganz klare Aussagen stehen.

Vor dem Gesetz sind nicht alle gleich

27. Geburtstag schon gefeiert? Wenn ja, nicht mehr jung, wenn noch nicht, jung! Das steht im Sozialgesetzbuch VIII. Diese Definition liegt hier zu Grunde, weil es rein altersbedingt viele rechtliche Unterschiede zwischen uns Menschen gibt. Mit über 27 Jahren gibt es altersbedingt immer noch Unterschiede, wie etwa das Renteneintrittsalter, aber wesentliche Altersgrenzen haben wir bei Jüngeren. Mit der Geburt fängt alles an, und dann gibt es je nach Alter viele rechtliche Etappen. Zur Klarstellung schauen wir uns einfach mal den Gesetzestext im Sozialgesetzbuch VIII an, das die Kinder- und Jugendhilfe regelt:

„Kind, wer noch nicht 14 Jahre alt ist, soweit nicht die Absätze 2 bis 4 etwas anderes bestimmen,
Jugendlicher, wer 14, aber noch nicht 18 Jahre alt ist,
junger Volljähriger, wer 18, aber noch nicht 27 Jahre alt ist,
junger Mensch, wer noch nicht 27 Jahre alt ist [...]
Erziehungsberechtigter, der Personensorgeberechtigte und jede sonstige Person über 18 Jahre, soweit sie auf Grund einer Vereinbarung mit dem Personensorgeberechtigten nicht nur vorübergehend und nicht nur für einzelne Verrichtungen Aufgaben der Personensorge wahrnimmt."

Das ist ganz gut verständlich, und jetzt kannst du einordnen, zu welcher Gruppe du momentan gehörst. Die Gruppe (sehr) junger Menschen, die sich noch für bunte Wipptiere auf dem Spielplatz interessiert, steht hier allerdings nicht im Fokus.

In diesem Buch wirst du allerdings noch viele andere Altersangaben finden. Der Gesetzgeber hat bei Vertragsabschlüssen, beim Jugendschutz, bei Haftung, bei Strafbarkeit usw. oft Altersgrenzen bestimmt, ab denen sich rechtlich etwas ändert.

Merke: Im Leben junger Menschen geschieht beim Happy-Birthday-Singen einiges, was dir vielleicht noch nicht bewusst war, etwa am 6., 7., 12., 14., 15., 16., 18., 21. oder am 27. Geburtstag.

VI Lebenssituationen aus rechtlicher Sicht

Was passiert in deinem Leben und was hat das mit Recht zu tun? Es wird nun Stück für Stück darum gehen, was in konkreten Lebenssituationen, teils auch längeren Lebenslagen, rechtlich erfahrungsgemäß wichtig ist.

Entlang einer (streng dogmatischen) juristischen Struktur, wie man sie im Studium mitbekommt, wird normalerweise Jura erklärt, aber das ist kein Spiegel des wirklichen Lebens, es ist schwer vorstellbar und viel zu allgemein. Dort geht es nicht um die realen Abläufe zwischen Aufstehen und Zubettgehen, sondern um theoretisierende Zusammenhangserläuterungen, langweilig. Vielleicht brechen deshalb viele junge Menschen das Studium ab, machen keine allzu erfreulichen Examina oder fallen durch. So läuft das hier nicht, denn hier geht es darum, wie „das Leben so spielt".

Wichtig ist mir, dass du als Leserin oder Leser das Buch nicht aus der Hand legst, weil es dir zu kompliziert wird. Deshalb wird hier anders vorgegangen, als es Juristinnen und Juristen meist machen. Sie beschreiben Rechtsprobleme nach logischen Strukturen des Rechts, also, welcher Vertragstyp beispielsweise betroffen ist. Das wird schnell abstrakt. Der Alltag ist nicht so, denn dort kommen ganz verschiedene Rechtsprobleme oft Hand in Hand daher.

Hier wird Recht deshalb massiv vereinfacht beschrieben, eine Überwindung für Juristinnen und Juristen, aber Basis für jede „Bodenhaftung". Das ewige „ja, aber" oder „es kommt drauf an" ist zwar präzise, aber man läuft Gefahr, sich im Detail zu verzetteln. In diesem Buch werden deshalb nur wenige Paragraphen oder Artikel – also Normen – aus Gesetzen, Verordnungen und Abkommen zitiert. Mehr solcher Texte würden den Lesefluss stören.

Außerdem sollen leicht verständliche Formulierungen helfen, ein wenig so, wie wir uns auch miteinander unterhalten. In Gesetzen ist das anders, oft sind die derart verschlungen und abstrakt, dass sie kaum zu verstehen sind, jedenfalls nicht ohne Jurastudium. Um ganz präzise zu sein und bloß keine Eventualität zu übersehen, ist das wichtig, aber es führt eben zu einer Kluft zwischen Rechtsstudierten und anderen Menschen. Im Gesetz stehen außerdem oft viele Verweise von einer Norm zu anderen Normen.

Übrigens wird in den USA und England Recht anders angewendet als hierzulande. Dort wird bei Rechtskonflikten nicht im abstrakten Gesetzestext nachgestöbert, welche von vielen tausend Normen denn nun passen. Stattdessen werden Gerichtsurteile aus der Vergangenheit gesucht, bei denen es um ähnliche Lebenssituationen ging. Das ist anschaulicher. Ehrlich gesagt, kann es dabei aber auch zu weniger Rechtssicherheit kommen, doch das ist hier nicht unser Problem, wir wollen einfach nur einen Zugang zum Recht finden, ganz nah am wirklichen Leben.

Wie leben junge Menschen eigentlich?

Es gibt Alltägliches und Besonderes im Leben junger Menschen, das sich von dem unterscheidet, was Ältere erleben. Damit Rechtsprobleme konkret erläutert werden können, findest du nun viele Beschreibungen von Lebenssituationen. Es ist nicht sicher, ob dir all dies begegnet ist oder begegnen wird, aber zur Verdeutlichung von Recht hilft es.

Die Lebenssituationen sind bewusst ausgewählt, um einen Wiedererkennungseffekt bei dir zu erzielen. Wenn du sie noch nicht erlebt hast, aber voraussichtlich erleben wirst, stelle dir bitte deine Zukunft vor und erinnere dich später an das, was du nun zu lesen bekommst. In den geschilderten Situationen treffen manchmal diverse Rechtsprobleme aufeinander, die du beim Lesen besser verstehen wirst. Ob das vertragsrechtliche, strafrechtliche oder sonstige Aspekte betrifft, ist hier nicht entscheidend. Es ist einfach eine bunte Mischung aus typischen Abläufen, bei denen rechtliche Grundkenntnisse helfen – natürlich ohne Anspruch auf Vollständigkeit.

Kann passieren, muss aber nicht

Das Buch führt dich nun durch Alltägliches und Besonders. Natürlich gehört die Schule an den Anfang, denn die ist zentral im Leben junger Menschen (nicht immer nur willkommen). Dann folgen die vielen „normalen" Geschehnisse des Alltags: Einkaufen, Freizeit, Mobilität. Überall gibt es rechtliche Fußfallen, Kniffe, Stressfaktoren; nicht an jedem Tag, aber sie können unerwartet oder überraschend auftauchen und die Stimmung vermiesen.

Neben dieser „daily routine" findest du noch viele nicht ganz alltägliche Situationen: erster Job, erste Wohnung. Darauf möchte ich dich vorbereiten, damit du entspannter damit umgehen kannst. Wenn du erst dann über Rechte und Pflichten ins Grübeln kommst, wirst du vielleicht überrumpelt. Stell dich besser gedanklich schon mal darauf ein. Mehr und mehr wird der Schutzschirm deiner Eltern und Vertrauten kleiner und dann sollten dir Rechtsprobleme das Wichtigste nicht vermiesen: die Lust am Leben!

Falls dir etwas besonders spannend erscheint, kannst du in Bibliotheken juristische Fachliteratur dazu finden. Das sind einerseits *Kommentare*, bei denen die einzelnen Vorschriften in Gesetzen, Verordnungen, Abkommen usw. Stück für Stück erklärt werden. Zu jeder Norm findest du dort Hinweise darauf, wie es die Gerichte und Fachautoren sehen. Professorinnen und Professoren schreiben dort oft, was sie von den Vorgaben der Gesetzgebung halten. Manche schimpfen darüber.

Neben den Fachkommentaren gibt es *Lehrbücher*, in denen Leserinnen und Lesern systematisch erklärt wird, wie die Rechtslage ist. Das sind meistens gute Einstiegsbücher für ein Jurastudium, aber die sind komplizierter geschrieben und beziehen sich regelmäßig nur auf einzelne Rechtsgebiete. Sie sind auch nicht speziell auf junge Menschen ausgerichtet.

Überdies findest du in Fachbuchhandlungen bei der Suche nach juristischer Literatur die *Fachzeitschriften*. Von denen gibt es fast für jeden rechtlichen Teilbereich mindestens eine, beispielsweise für das „Recht der Jugend und des Bildungswesens". In solchen Zeitschriften, die oft einmal im Monat erscheinen, schreiben Autorinnen und Autoren ihre Rechtsmeinung, außerdem werden Entscheidungen der Gerichte abgedruckt, damit man sich daran orientieren kann. Es gibt es also viel Material, falls du Gefallen an rechtlichen Themen finden solltest. In diesem Buch geht es nur darum, breit, praxisnah, jugendbezogen das zu skizzieren, was in den vielen juristischen Publikationen verstreut und schwer zusammenzufassen ist.

Nimm die Erläuterungen als Einstiegshilfe und grobe Orientierung für viele Lebenssituationen. Natürlich brauchst du bei echten Rechtskonflikten mehr Hilfe von Erwachsenen und vielleicht die von Rechtsanwältinnen oder Rechtsanwälten, und das kostet Geld. Mit dem Anfängerwissen, das du hier mit auf den Weg bekommst, wirst du aber besser einschätzen können, wie Rechtskonflikte ausgehen könnten, und Anhaltspunkte finden, um dich zu wehren.

Merke: Dein Leben ist von Ereignissen bestimmt. Du bist aber nicht der (oder die) Einzige, der sie erlebt, und die rechtlichen Vorgaben passen oft auf diese Situationen.

01 Du lernst nicht für die Schule?

Bildung ist für junge Menschen extrem wichtig, aber darüber, wie sie umgesetzt wird, gibt es aus antiautoritärer und autoritärer Sicht unterschiedliche Ansichten. Manche glauben, dass nur der eigene Antrieb Lernen erleichtert. Das nennt sich intrinsische Motivation. Andere haben mit Bildung unter Druck weniger Probleme:

> „Eine gute Bildung ist für die Jugend ein Zuchtmittel, für das Alter ein Trost, für die Armen Reichtum und für die Reichen ein Schmuck."
> (Diogenes von Sinope, 413–323 v.Chr., griechischer Philosoph)[4]

Im Alltag junger Menschen ist die Schule fast täglich das Zentrum des Tages. Genehmigen wir uns also einen Einblick in die sensible Welt des Schulrechts, einem Teil des Verwaltungsrechts, weil Schulen überwiegend dem Staat „gehören".

Schule ist Pflicht

Pflicht, basta! Nein, lass uns mit einem Blick in das Schulgesetz starten. Das ist übrigens im jeweiligen Bundesland zu beachten und da gibt es Unterschiede:

> „Jeder junge Mensch hat ein Recht auf Bildung. Dieses Recht wird durch ein Schulwesen gewährleistet, das nach Maßgabe dieses Gesetzes einzurichten und zu unterhalten ist".

Nun die andere Seite der Medaille, denn es besteht Schulpflicht für alle Kinder, Jugendlichen und Heranwachsenden und darum kümmert sich bei uns der deutsche Staat, weil das Teil seiner Aufgaben nach dem Grundgesetz ist:

„Das gesamte Schulwesen steht unter der Aufsicht des Staates."

Du liest gerade über Rechte und Pflichten und die in deinem jungen Leben massivste Pflicht dürfe es (gewesen) sein, morgens aufzustehen, den Schulrucksack oder dergleichen zu schultern, um mehr oder weniger motiviert den Tag weitgehend damit zu verbringen, Lehrkräften zu begegnen. „Darf ich auf's Klo?", „Ich packe mein Handy jetzt weg, versprochen", „Nö, ich habe nicht abgeschrieben" usw. sind Sätze, die gelegentlich fallen, wenn Schülerinnen und Schüler „die Schulbank drücken" müssen.

Ist das eigentlich okay, wenn die Erwachsenen dir vorschreiben, wie du dein Leben zu verbringen hast? Eine berechtigte Frage. Eigentlich wäre es schöner, wenn alle junge Menschen aus Interesse am Lernen Unterricht nutzen würden und nicht nur, weil sie „müssen". Da Bildung aber wirklich wichtig ist und jungen Menschen altersbedingt Erfahrungen fehlen, ist „Schulpflicht" schon sinnvoll. Wie du vielleicht weißt, wird sie nicht immer allzu streng durchgesetzt. Bitte bedenke aber, dass die Erziehungsberechtigten Ärger bekommen können, wenn du „Schule schwänzt".

Durch die Schulpflicht hast du auch Aufgaben in der Schule und bei „Pflichtverstößen" kann es Elternbriefe und dann Sanktionen geben, u.a. einen Schulverweis. Gegen diese Maßnahmen können sich die Erziehungsberechtigten wehren. Sie können einen Widerspruch einlegen, und wenn die Schule an der Maßnahme festhält, kann eine Klage beim Verwaltungsgericht eingereicht werden. Dafür gibt es allerdings Fristen. Das Gericht muss dann entscheiden, ob die Sanktion „geeignet", „erforderlich" und „angemessen" war.

Ungerechte Noten

Ganz unterschiedlicher Meinung sind Lehrkräfte und Schüler oft hinsichtlich der Noten. Dabei ist wichtig zu wissen, dass Lehrkräfte einen Ermessensspielraum haben, also in Grenzen frei in ihrer Entscheidung sind, und dieser nicht leicht rechtlich überprüft werden kann. Die Ausübung von Ermessen hat aber in unserem Rechtsstaat Grenzen und bereits durch unser Grundgesetz soll vermieden werden, dass staatliche Einrichtungen willkürlich handeln. Du kannst dich, meistens mit deinen Erziehungsberechtigten zusammen, also durchaus gegen „ungerechte Noten" wehren, beispielsweise mit dem Nachweis, dass jemand aus derselben Klasse oder demselben Kurs ganz anders benotet wurde, obwohl die Leistungsnachweise ähnlich gut oder schlecht erbracht wurden.

Das Problem ist allerdings, dass unsere Gesetzgebung im Schulgesetz den Lehrkräften einen freien Beurteilungsspielraum zugestanden hat, damit eben nicht jede pädagogische Einschätzung diskutiert wird. Das kann dir unfair vorkommen, aber bedenke bitte, dass Lehrerinnen und Lehrer auch individuelle Menschen mit unterschiedlicher Wahrnehmung und keine Computer sind.

Strafen, Verbote, Regeln, Freiheit

Die Zeiten des Rohrstocks sind vorbei. Gewalt hat an Schulen absolut nichts verloren. Das Schulrecht gehört zum sog. Verwaltungsrecht, und wenn du sanktionierst wirst, ist dies ein Verwaltungsakt. Der muss geeignet, erforderlich und angemessen sein. Ist er das nicht, können die Gerichte die Maßnahmen der Schule aufheben. Das soll jetzt nicht dazu ermutigen, aufmüpfig zu werden, aber ein gutes Miteinander von Lehrkräften und Schülerinnen sowie Schülern ist ganz besonderes hilfreich, damit Lernen Spaß macht.

Aus aktuellem Anlass sei hier noch das Thema der Nutzung von elektronischen Geräten und von Software erwähnt. Es ist eine Herausforderung, in Bildungseinrichtungen mit der Nutzung von Mobiltelefonen, Tablets usw. umzugehen. Diese ganz aus dem Schul- und Hochschulalltag zu verbannen, ist nicht der beste Weg, denn sie gehören zum modernen Leben einfach dazu. Sofern aber eine Hausordnung Einschränkungen vorsieht, dürfte das rechtlich klargehen, weil beispielsweise niemand begeistert ist, wenn der Sitznachbar im Unterricht lautstark telefoniert. Die schrankenlose Nutzung von ChatGPT und dergleichen hat in der Schule nichts verloren, denn dort geht es um die eigene intellektuelle Leistung und nicht darum, sich von einer Software die Worte zurechtlegen zu lassen. Dass dies schul- und hochschulrechtlich als Täuschung sanktioniert wird, ist selbst bei viel Freiheitsliebe durchaus verständlich. Schließlich soll es um faire und gleichbehandelnde Bewertungen gehen. Allerdings wird aktuell in unserer zunehmend digitalen Welt diskutiert, inwieweit an Schulen Künstliche Intelligenz (KI) genutzt werden darf und sogar genutzt werden soll. Letztlich kommen wir daran nicht vorbei und bereits bei der Eingabe von Suchbegriffen öffnen sich belehrende KI-Inhalte (die aber mit Vorsicht zu genießen sind).

Merke: Es gibt eine Schulpflicht – und hoffentlich merkst du später, dass sie dir genutzt hat. Aber natürlich haben junge Menschen in der Schule auch Rechte und müssen sich nicht alles gefallen lassen. Das ist eine wichtige Säule unseres Rechtsstaats.

02 Deine Erziehung

Während die Schule den Alltag junger Menschen viele Jahre lang prägt, ist deine Familie ebenfalls eine zentrale Basis, auch wenn ihr nicht alle zusammen oder in einer Patchwork-Familie lebt. Wenn es um junge Menschen und Recht geht, denken viele zunächst an Jugendschutz, also Rechtsvorgaben, durch die dein körperliches und seelisches Wohl in unserer Rechtsgemeinschaft staatlich geschützt werden soll. In diesem Buch geht es zwar um viel mehr, nämlich um dich als individuelle und zunehmend selbstbestimmte Persönlichkeit, aber einleitend darf das Erziehungsthema aus rechtlicher Sicht nicht fehlen.

„Helikoptereltern" wollen doch nur dein Bestes

Früher ging es viel autoritärer zu. Eltern durften ihre Kinder sogar schlagen, bis endlich das Recht auf gewaltfreie Erziehung durchgesetzt und jede Ohrfeige abgelehnt wurde. Das betrifft auch seelische Gewalt. Erziehungsphrasen wie „solange du deine Füße unter meinen Tisch stellst, entscheide ich" sind erfreulicherweise eher Schnee von gestern.

Der Begriff „erziehen" ist schwierig, weil er bis zu einem gewissen Grad mit Druck einhergeht. Unterstellt wird aber, dass Erziehungsberechtigte es meistens gut meinen, auch wenn manche etwas zu wenig in die Fähigkeiten Heranwachsender vertrauen und allzu viel kontrollieren wollen; oft aus liebevoller Sorge, obwohl es dich gelegentlich nervt.

Wichtig zu wissen ist, dass du das „Recht auf gewaltfreie Erziehung" hast. Jede Form vom körperlicher und seelischer Gewalt ist verboten. Das war noch vor wenigen Generationen anders und sogar in der Schule durfte mit dem Rohrstock schmerzhaft bestraft werden, schlimme Vergangenheit.

© aleutie – stock.adobe.com

Staatliche Hilfe, zumindest gut gemeint

Bei Problemen mit Erziehungsberechtigten kannst du vom Staat Unterstützung bekommen. Das ist im Sozialgesetzbuch VIII vorgesehen. Dafür gibt es u.a. das Jugendamt. Es kann unterstützen, damit die Lebenssituation verbessert wird. In schlimmen Fällen werden Kinder und Jugendliche sogar „in Obhut genommen". Die rechtliche Regelung ist komplex, aber geholfen wird oft.

Konkret gibt es beim Jugendamt etwa den sog. Jugendhilfeausschuss, der politisch vorgibt, wie unterstützt wird. Ab einem höheren Alter muss aber dein Wunsch respektiert werden, bei welchem Elternteil du (mehr) leben möchtest: Jugendliche haben ab 12 Jahren dabei ein Mitbestimmungsrecht und ab 16 Jahren das Bestimmungsrecht. Schön wäre es, wenn ein sog. Loyalitätskonflikt vermieden wird und letztlich beide Eltern Bezugspunkte bleiben. Natürlich musst du nicht mit allem einverstanden sein, aber du kannst dich an deinen Eltern orientieren und selbst mehr und mehr Persönlichkeit entwickeln.

! **Merke:** Du hast als junger Mensch sogar gegenüber Erziehungsberechtigen Rechte, und der Staat muss dir helfen, wenn ausnahmsweise Eltern das „Kindeswohl" nicht im Blick haben.

03 Trennung der Eltern

Nicht alle betrifft das, aber heutzutage viele. Die Welt geht dann nicht unter und die Rechtssituation als betroffenes „Kind“ einschätzen zu können, wird dir Unsicherheit und Angst nehmen. Auch wenn es für Kinder, Jugendliche und junge Menschen besonders belastend ist, trennen sich Eltern. Viele Heranwachsende kommen in diesem Zusammenhang zum ersten Mal mit Recht in Berührung, vielleicht sogar, weil sie im Familiengericht befragt werden. Zu diesem Thema nun ein paar ermutigende Grundlagen, falls dich das betrifft.

Es geht um dein „Wohl“

Du stehst im Mittelpunkt, allein um dein Wohl geht es. Die Eltern sind wichtig und hoffentlich bleibt zu beiden immer ein guter Draht erhalten. Im Gesetz ist deshalb Folgendes vorgegeben:

„Wird das körperliche, geistige oder seelische Wohl des Kindes oder sein Vermögen gefährdet und sind die Eltern nicht gewillt oder nicht in der Lage, die Gefahr abzuwenden, so hat das Familiengericht die Maßnahmen zu treffen, die zur Abwendung der Gefahr erforderlich sind.“

Unterhalt für dich

Versorgt werden Kinder grundsätzlich von ihren Eltern. Das ist deren Pflicht, sobald Nachwuchs geboren wird. Wenn Eltern das nicht leisten, kann Kindesunterhalt von ihnen verlangt werden. Letztlich bekommen Eltern ja auch Geld von Staat, das sog. Kindergeld.

Wenn du wissen möchtest, um wieviel Geld es beim Unterhalt genau geht, hilft die sog. *Düsseldorfer Tabelle,* an der sich Familiengerichte orientieren.

Diskutiert wird übrigens auch die sog. Kindergrundsicherung, denn unser Rechtsstaat sollte sicherstellen, dass kein einziges Kind in Armut leben muss. Das ist eine echte Herausforderung für unsere Gesellschaft und dazu wird es hoffentlich noch neue Rechtsentwicklungen geben.

Doch bedenke bitte, dass Kinder und Jugendliche auch Pflichten haben, beispielsweise ein altersgerechtes Unterstützen der Eltern im Alltag. Kinderarbeit hingegen ist bei uns natürlich verboten. Das ist leider in einigen anderen Ländern nicht so. Um dort die Lage junger Menschen zumindest ein wenig zu verbessern, bemüht sich Deutschland darum, dass zumindest unsere Unternehmen nicht davon profitieren, wenn ausländische Unternehmen Kinder arbeiten lassen.

Merke: Die Rechtsgemeinschaft sichert dich als jungen Menschen, damit du versorgt bist. Erwachsene haben diese Verantwortung gegenüber Jüngeren, bis diese die Chance haben, ihr Leben selbst zu finanzieren. Das ist eine besonders positive Erscheinungsform unseres Rechtsstaats, der auch ein *Sozialstaat* ist.

04 Du und das liebe Geld

Vieles, was jetzt folgt, bezieht sich darauf, wie du in unserer Wirtschaft handeln kannst. Bei Volljährigen gibt es grundsätzlich keine Beschränkungen, aber jüngere Menschen werden geschützt. Konkret sind sie bis zum 7. Geburtstag nicht geschäftsfähig und dürfen sich rechtlich nicht binden. Bei Kindern ist das sinnvoll (Flohmärkte im Kindergarten sind nur spielerische Übungen). Spannend ist es zwischen dem 7. und dem 18. Geburtstag, denn das ist die Phase der beschränkten Geschäftsfähigkeit. Hierzu hat die Gesetzgebung sich Folgendes ausgedacht:

In diesem Alter dürfen sich junge Menschen etwas schenken lassen oder sich etwas leihen. Bei einer Schenkung und einer Leihe besteht nämlich keine eigene Verpflichtung, es muss

nichts bezahlt werden. Also ist das Risiko gering und die Eltern müssen nicht um Erlaubnis gefragt werden. Verbindliche Rechtsgeschäfte dürfen Kinder und Jugendliche im Grundsatz nur eingehen, wenn ihre Eltern oder Erziehungsberechtigten es vorab erlauben. Hat nur ein Elternteil das sog. Sorgerecht, hat dieser zu entscheiden. Im konkreten Fall solltest du dir ein Schreiben mitgeben lassen, in dem deine Eltern erklären, dass sie damit einverstanden sind, dass du dir Nahrung oder Kleidung kaufst. Es kommt auch vor, dass Verkäuferinnen oder Verkäufer Eltern kurz anrufen, um sich zu vergewissern, ob sie mit einem Kauf einverstanden sind.

„Taschengeldparagraph" und Sparschweinschlachtung

Beginnen wir mit einem Gesetzestext:

> „Ein von dem Minderjährigen ohne Zustimmung des gesetzlichen Vertreters geschlossener Vertrag gilt als von Anfang an wirksam, wenn der Minderjährige die vertragsmäßige Leistung mit Mitteln bewirkt, die ihm zu diesem Zweck oder zu freier Verfügung von dem Vertreter oder mit dessen Zustimmung von einem Dritten überlassen worden sind."

Es gibt demnach noch eine Besonderheit: das „Taschengeld". Damit kannst du eigentlich frei umgehen, dazu hast du es bekommen. Falls es Einschränkungen gibt, also „Zocken" oder sonstige Dinge, die die Eltern nicht so prima finden, ist das Taschengeld allerdings nicht frei verfügbar. Es geht auch nicht nur um typisches Taschengeld – das Gesetz nennt es auch nicht so –, doch der Begriff hat sich irgendwie verselbständigt. Klarstellung: Geld „zu freier Verfügung" ist z.B. auch Zeugnisbelohnung, Urlaubsgeld und Freizeitzuschuss, nicht unbedingt von den Eltern, vielleicht von den spendablen Großeltern.

Traurig, aber wahr: Du musst dein Sparschwein schlachten. Damit eine Vereinbarung verbindlich wird, musst du genug Geld gespart haben. Dadurch soll vermieden werden, dass du in eine Schuldenfalle gerätst. „Anschreiben lassen" klappt also nicht. Wenn du trotzdem eine rechtliche Verbindlichkeit eingehst, bleibt noch die Möglichkeit, dass deine Eltern sie später genehmigen. Dann haben sie es wieder in der Hand. Warnung: Als junger Mensch bist du voll im Fokus der Unternehmen und solltest deine Rechte einschätzen können.

Das sind also deine rechtlichen Möglichkeiten, ab dem 7. Geburtstag *Verträge* abzuschließen, also etwas mit jemandem zu vereinbaren, so dass Rechtsfolgen eintreten, sei es Kauf, Tausch, Miete, Reise, Leihe, Schenkung oder Sonstiges. Neben dem Alter ist dabei für die Gesetzgeberinnen und Gesetzgeber noch wichtig, dass solche Verträge nicht gegen Verbotsgesetze verstoßen (Beispiel: Drogenhandel) und auch nicht sittenwidrig sind (Beispiel: zu lange Vertragslaufzeiten als Knebel für Kundinnen und Kunden).

Banken haben dich im Visier

Da die meisten Verträge mit Geld zu tun haben, schauen wir uns nun an, was das Geschäft der Banken ist. Nach dem Sparschwein kommt das Bankkonto. Bei den Kreditinstituten gibt es bereits jugendspezifische Werbung, denn ihr seid die künftigen Bankkundinnen und -kunden. Das Bankgeschäft läuft folgendermaßen: Wenn du ein Konto hast, bekommst du Zinsen auf Erspartes – oft nicht viel, aber immerhin. Bist du pleite und brauchst Geld von der Bank, musst du ihr Zinsen zahlen. Das heißt Darlehensvertrag, auch Kredit genannt. Diese Zinsen sind dann höher und dadurch verdienen Banken. Junge Menschen sind besonders gefährdet, in eine Schuldenfalle zu tappen und mehr auszugeben, als sie haben.

Aus rechtlicher Sicht ist deshalb wichtig, dass Verträge über Kredite und Finanzierungen – also etwas bekommen und später zahlen müssen – kritisch sind, da Schulden aufgetürmt werden. Vereinfacht gesagt muss man binnen vierzehn Tagen aus den Verträgen herauskommen können, wenn man sie bereut. Das nennt sich dann *Widerrufsrecht*.

Und noch etwas passiert im Zusammenhang mit Geld manchmal, nämlich der Vorwurf „Das ist doch Wucher". Der Gesetzgeber hat vorgegeben, dass Wucherverträge nicht zulässig, also nichtig sind. Was allerdings aus rechtlicher Sicht dazu zählt, ist vielen Menschen nicht klar. Es geht nämlich nicht nur darum, dass etwas überteuert verkauft wird, etwa Energydrinks, spezielle Schokolade oder besonders scharfe Chips. Wenn junge Leute meinen, dass ihr Taschengeld dafür nicht zu schade ist, ist das ihre Entscheidung. Ebenso wenig kannst du dich darüber beschweren, wenn du auf einem Musikfestival für die Getränke deutlich mehr zahlen musst als im Laden. Das ist der Markt – Angebot und Nachfrage. Wenn der Staat eingreift, muss es besondere Gründe geben und bei Wucher ist das so. Das heißt, dass jemand nicht nur viel zu viel verlangt, sondern dabei deine Notsituation ausnutzt. So steht das im Gesetz – und dabei fällt auf, dass jugendliche Unerfahrenheit schützen kann:

„Ein Rechtsgeschäft, das gegen die guten Sitten verstößt, ist nichtig. Nichtig ist insbesondere ein Rechtsgeschäft, durch das jemand unter Ausbeutung der Zwangslage, der Unerfahrenheit, des Mangels an Urteilsvermögen oder der erheblichen Willensschwäche eines anderen sich oder einem Dritten für eine Leistung Vermögensvorteile versprechen oder gewähren lässt, die in einem auffälligen Missverhältnis zu der Leistung stehen."

Den Umgang mit dem Konto lernt man schnell. Und keine Sorge: Wenn durch einen Zahlendreher eine Überweisung an das falsche Konto geht, hast du einen Anspruch auf Rückzahlung, im Juristendeutsch wegen ungerechtfertigter Bereicherung (des anderen).

Übrigens bekommen die Unternehmen, die Kreditkarten vergeben, bei deren Nutzung etwas von jeweiligen Betrag ab und das mögen Händler oft nicht, denn sie verdienen dadurch weniger. Andererseits zieht es Kunden an, wenn nicht bar gezahlt werden muss. Wie das Kreditkartenunternehmen rechtlich mit den Händlern zusammenarbeitet, ist eher deren Problem. Du solltest nur darauf achten, dass du deine Kreditkarte, falls du schon eine hast, rechtlich zulässig verwendest, sie also beispielsweise nicht Bekannten ausleihst. In krassen Fällen kann dir sonst Kreditkartenmissbrauch vorgeworfen werden, beispielsweise, wenn das Konto zu sehr überzogen ist.

Insgesamt ist das Bankwesen ein sensibler Bereich, in dem es zu vielen rechtlichen Streitigkeiten kommt. Damit wir fair behandelt werden, gibt es viele Kontrollgesetze für Banken, und wenn dagegen verstoßen wird, kommt die Finanzaufsicht ins Spiel.

Mit den spezielleren Rechtsproblemen bei Geldanlagen, insbesondere im Aktienhandel, mit den hochriskanten Krypto-Währungen, die online und digital gehandelt werden, mit Fonds, Immobilieninvestments usw. befassen wir uns hier nicht. Das wird rechtlich wirklich kompliziert und bevor du dich damit nicht ausreichend beschäftigt hast, lass bitte die Finger davon. So einfach wird es mit der ersten Million in aller Regel nicht. Junge Menschen sind oft noch zu unerfahren und benötigen deshalb Schutz vor Fehlentscheidungen. Diese ganzen Geldanlagegeschichten sind eigentlich nur Gebilde aus Rechtsbeziehungen, oft sehr abstrakt und verschlungen. Leider gab es schon einige finanzielle Exzesse, die uns Steuerzahler sowie Anlegerinnen viel Geld gekostet haben. Das ist übrigens ein gutes Beispiel, wenn es um die Frage geht, warum wir eine Rechtsordnung brauchen. Die (Finanz-)Starken würden sonst die Schwachen möglicherweise ziemlich ausnutzen.

Junge Erben

Eine Besonderheit möchte ich noch erwähnen. Auch wenn es grundsätzlich traurig ist, werden junge Menschen früher oder später Angehörige verlieren. Sie sind dann möglicherweise Erben. Was bedeutet das? Im Gesetz ist festgelegt, wer den Nachlass bekommt, wenn durch ein Testament nichts anderes bestimmt ist. Oft führt das dazu, dass die Hälfte des Nachlasses der andere Elternteil bekommt und die andere Hälfte das Kind oder die Kinder. Wenn du als Erbe Hilfe benötigst, kannst du dich an das Nachlassgericht wenden. Die Frage, ob erben überhaupt gerecht ist, kannst du dir übrigens gerne mal durch den Kopf gehen lassen. Das wird immer wieder politisch diskutiert.

Chancengleichheit haben wir in diesem Punkt nicht in unserer Gesellschaft, aber bitte denke auch daran, dass viele Ältere nur noch arbeiten, um etwas zu hinterlassen und es den eigenen Kindern damit etwas leichter zu machen. Würde man Erbschaften abschaffen, würden wohl mehr ältere Menschen Freizeitaktivitäten dem Arbeiten vorziehen und von Ersparnissen leben, bis sie aufgebraucht sind. Außerdem ist es ganz sicher wichtig, dass Familienunternehmen beständig fortgeführt werden können.

Merke: „Geld regiert die Welt" – mag sein, aber rechtlich gibt es Schutz. Viele Gesetze nutzen dir als jungem Menschen in dieser Hinsicht sehr.

05 Einkaufen im Geschäft

Nachdem wir dein familiäres und finanzielles Umfeld beleuchtet haben, schauen wir uns nun deine rechtliche Rolle beim alltäglichen Konsumieren an. Heranwachsende haben zwar selten viel Geld. In aller Regel ist der Schulalltag vorranging, und wenn durch Nebenjobs etwas verdient wird, ist das nicht viel. Allerdings wird das vorhandene Geld gerne „verkonsumiert", denn auch junge Menschen haben Bedarf an Kleidung, Essen, Freizeitprodukten, Lifestyle-Produkten usw., genauso wie Erwachsene – wegen ihrer Entwicklungsphasen vielleicht sogar noch intensiver.

Im Fokus der Konsumgesellschaft

Du bist Teil einer Konsumgesellschaft. Wir konsumieren (zu) viel. Zu viel Kleidung und Nahrung wandern in den Müll, zu viel wird so produziert, dass es nicht lange hält und neu gekauft werden muss. Das ist ein großes Problem, nicht zuletzt für die Umwelt und unsere Rohstoffe, die irgendwann aufgebraucht sein könnten. Dass die Produktion von Waren nicht auf eine Wegwerfgesellschaft ausgerichtet ist, soll übrigens aktuell mit rechtlichen Mitteln erreicht werden. Dabei spielt die Europäische Union eine Rolle, die mit Verordnungen und Richtlinien in die Wirtschaftsabläufe eingreift. Solche gesamtwirtschaftlichen Fragen sollten beim Einkaufen nicht in Vergessenheit geraten, denn auch junge Konsumentinnen und Konsumenten prägen unsere Wirtschaft.

Schauen wir uns vor diesem Hintergrund alltägliche Einkaufssituationen und ein paar damit verbundene klassische Probleme genauer an.

Kein Verlass auf Werbung und Preisangaben

Oft erhalten wir Werbung, damit wir etwas kaufen, Flyer im Briefkasten beispielsweise oder Werbespots in den sozialen Medien. Geworben wird aber mittlerweile auch unauffälliger, insbesondere junge Menschen sind die Zielgruppe: Influencerinnen und Influencer versuchen, deine Kauflaune zu wecken. Die Werbeaussagen sollten aber bereits rechtlich eingeordnet werden. Wichtig: Ein Preis in einer Werbeanzeige ist weitgehend unverbindlich. Das heißt, du kannst grundsätzlich nicht verlangen, dass dir die beworbene Ware für diesen Preis verkauft wird. Freu dich also nicht zu früh. Manchmal wird gezielt ausgenutzt, dass noch keine rechtliche Verbindlichkeit besteht, aber dein Interesse geweckt wird. Dieses „Anfüttern" nennt sich auf Lateinisch „invitatio ad offerendum" und ist nur eine Aufforderung, selbst ein Angebot abzugeben.

Wenn du in einem Laden etwas siehst, was dir gefällt, ist es üblicherweise ausgepreist. Auch hier gilt, dass das Preisetikett rechtlich nicht verbindlich ist. Gehst du also mit einem schicken Hoodie an die Kasse und bekommst zu hören, dass der Preis viel höher ist, kannst du dich zwar ärgern, aber nicht auf den niedrigeren Preis bestehen. Auf Werbung und Preisangaben kannst du dich also einfach nicht verlassen.

Stehst du mit der Ware an der Kasse, kommt es dort in aller Regel zum verbindlichen Vertragsschluss. Du legst die Sachen hin, oft wortlos, dann wird dir der Preis genannt und du zahlst, bar oder mit Karte. Das war's, Vertrag fertig. Das läuft nämlich jeweils so: Du signalisierst, dass du eine rechtliche Bindung eingehen willst (Ware gegen Geld). Die Person an der Kasse signalisiert, dass das klargeht. Dazu hat sie in aller Regel die Berechtigung von der Ladeninhaberin oder dem Ladeninhaber. Juristisch treffen dann ein Angebot und dessen Annahme aufeinander, *Willenserklärungen* genannt. Da muss nichts schriftlich vereinbart werden. Die Rechtsfolgen entstehen in diesem Moment und deshalb musst du die Sachen bezahlen und kannst sie dann mitnehmen. Bitte merke dir das, denn im Zusammenhang verschiedener Lebenssituationen in diesem Buch werde ich darauf zurückkommen.

Nicht vergessen: Verträge müssen nicht schriftlich, sondern können grundsätzlich auch mündlich oder durch Handlungen abgeschlossen werden. Auch als junger Mensch hast du bestimmt schon hunderte oder tausende davon abgeschlossen, selbst wenn dir das in der Situation nicht klar war. Viele glauben, dass ein Vertrag etwas Besonderes sei. Keineswegs, meist ist das total banal:

„Eine Kugel Vanille bitte." „Waffel oder Becher?" „Becher bitte." „2 Euro macht das" (wird auch immer teurer) – „Danke". „Schönen Tag noch" – Vertrag erledigt.

Im Gesetz ist der „Schlagabtausch" beim Abschluss von Verträgen so zum Ausdruck gebracht:

> „Wer einem anderen die Schließung eines Vertrags anträgt, ist an den Antrag gebunden, es sei denn, dass er die Gebundenheit ausgeschlossen hat."
> „Der Antrag erlischt, wenn er dem Antragenden gegenüber abgelehnt oder wenn er nicht diesem gegenüber [...] rechtzeitig angenommen wird." [...]
> „Die verspätete Annahme eines Antrags gilt als neuer Antrag. Eine Annahme unter Erweiterungen, Einschränkungen oder sonstigen Änderungen gilt als Ablehnung verbunden mit einem neuen Antrag."

Das klingt zwar ein wenig abstrakt, ist aber ziemlich logisch und passiert täglich unzählige Male auf der Welt.

Zurückgeben aus Kulanz?

So schnell kann es gehen: Manchmal ist man unkonzentriert und bestellt oder kauft etwas Falsches, aus Versehen. Und dann? Irren ist menschlich, sogar aus rechtlicher Sicht. Beim Eiskaufen ist das schwierig, weil die Kugel nicht einfach wieder in den Eisbehälter gestopft werden kann, aber wenn es beispielsweise um die Rückgabe einer Getränkedose geht, sieht es rechtlich schon anders aus. Falls du nämlich direkt nach Übergabe oder vor dem Verlassen des Ladens merkst, dass du dich vergriffen hast und das Gekaufte eigentlich nicht wolltest, gibt dir das Gesetz die Möglichkeit, es umzutauschen.

Das nennt sich *Anfechtung*. Du solltest dann schnellstmöglich an der Kasse darauf hinweisen, dass du dich vertan hast. Weil irren menschlich ist, kannst du dann den abgeschlossenen Vertrag vernichten. Beispiel: Du wolltest einen Energydrink, hast aber die Geschmacksrichtung verwechselt. Das Ganze klappt allerdings nicht, wenn du einfach deine Kaufentscheidung bereust, weil du schlicht keinen Durst mehr hast, denn die Verkäuferin oder der Verkäufer muss auch geschützt werden. Viele junge Menschen schätzen das falsch ein und wissen nicht, dass ein Kauf nur ausnahmsweise rückabgewickelt werden kann. Also pass bitte immer auf, damit es keine Diskussionen gibt. Wenn du dich vergriffen hast, kannst du den Kauf aufheben. So steht das übrigens im Gesetz:

„Wer bei der Abgabe einer Willenserklärung über deren Inhalt im Irrtum war oder eine Erklärung dieses Inhalts überhaupt nicht abgeben wollte, kann die Erklärung anfechten, wenn anzunehmen ist, dass er sie bei Kenntnis der Sachlage und bei verständiger Würdigung des Falles nicht abgegeben haben würde."

Viele Geschäfte nehmen aus *Kulanz* gekaufte Waren wieder zurück, einfach so, damit sich die Kundschaft freut und wiederkommt, auch wenn beim Kauf kein Irrtum vorlag. Das können sie machen, müssen sie aber nicht.

Im Alltag wird aber auch vieles zurückgenommen, weil ein Recht zur Rückgabe besteht. Das wird juristisch oft falsch bezeichnet. Es nennt sich *Widerrufsrecht* und ist keine Kulanz, weil in diesen Fällen bei Vertragsschluss bereits ein Rückgaberecht eingeräumt wurde.

Ob Händler das einräumen, ist aber deren Entscheidung. Viele spekulieren darauf, dass Gekauftes auch behalten wird, und anscheinend rechnet sich das, weil Kundinnen und Kunden mehr mitnehmen, als sie eigentlich brauchen, und es dann einfach behalten, wenn es zuhause angekommen ist. Eine Vertriebsstrategie, die es früher nicht gab. Du kannst deshalb im Geschäft nachfragen, ob und unter welchen Voraussetzungen du „widerrufen" kannst. Manchmal geht das nur gegen Vorlage des Kassenbons und/oder der Originalverpackung oder gegen Gutschein. Da Verkaufende dieses Widerrufsrecht nicht einräumen müssen, sind sie auch weitgehend frei in der Entscheidung, zu welchen Bedingungen es einräumt wird. Wichtig ist noch, dass solche Möglichkeiten immer zeitlich beschränkt sind. Oft gilt das Widerrufsrecht zwei Wochen, aber es kann auch länger oder kürzer vorgesehen werden.

Achtung, das hat nichts mit einem Umtauschrecht defekter Ware zu tun. Dazu hast du ein Recht und das kannst du grundsätzlich zwei Jahre lang ausüben.

Kaputt, oje

Es wird allerlei verkauft, was billig ist, aber nicht lange hält. Viele Waren haben Sollbruchstellen, denn wenn sie nicht kaputtgehen, wird weniger gekauft. Das ist ein leidiges Thema unserer „Wegwerfgesellschaft". Zu wissen, was du bei defekten Dingen für Rechte hast, ist vor diesem Hintergrund hilfreich, denn reparieren ist oft besser, als Kaputtes in den Müll zu werfen.

Im Gesetz ist vorgesehen, dass du selbst entscheiden darfst, ob du die Sache reparieren oder umtauschen möchtest. Sollte dir also beispielsweise ein Paar Stiefel nach dem Eintragen so am Herzen liegen, dass du genau diese Schuhe behalten möchtest, kannst du bei einem Mangel – etwa einer schlecht verklebten Sohle – verlangen, dass repariert wird. Dann darf es der Verkäufer nochmals versuchen, das nennt sich *Recht der zweiten Andienung*. Letztlich bekommst du dann, was du wolltest. Genauso kannst du aber auch wählen, dass die defekten Schuhe gegen ein neues Paar umgetauscht werden. Was allerdings nicht funktioniert, ist, direkt den Kaufpreis zurückzuverlangen. Das ist im Gesetz so formuliert:

„Der Käufer kann als Nacherfüllung nach seiner Wahl die Beseitigung des Mangels oder die Lieferung einer mangelfreien Sache verlangen."

Das kann natürlich nicht in Dauerschleife so weitergehen. Erst wenn die Verkäuferin oder der Verkäufer entweder deinem Wunsch nach Reparatur oder nach Umtausch nicht entsprechen will oder kann, darfst du die Hand aufhalten und Geld zurückverlangen. Dann darfst du dir sogar aussuchen, ob du die Schuhe behalten und einen Teilbetrag ausbezahlt bekommen magst oder sie gegen den gesamten Kaufpreis wieder zurückgeben. Du bist dabei flexibel. Kurzum: Bei defekter Ware kannst du Reparatur oder Umtausch verlangen, aber nicht gleich Rückzahlung.

Eine Besonderheit gilt bei gebrauchten Sachen, weil die zwangsläufig nicht mehr so gut sind, wie sie im Neuzustand waren. Hat aber beispielsweise der gebrauchte E-Roller ungewöhnlich schlechte Bremsen für sein Alter, dann ist auch das ein Mangel.

Und noch etwas: Wenn du als Privatperson etwas von einem Händler kaufst, kann der nicht einfach deine Rechte ausschließen. Beispiel: Der Passus „gekauft wie gesehen und Probe gefahren unter Ausschluss jeglicher Gewährleistung" steht zwar – so oder ähnlich – in vielen Verträgen über gebrauchte Dinge, er ist aber rechtlich wirkungslos, schade um das Papier.

Helfen kann auch, dass der Gesetzgeber dir den Nachweis erleichtert. Das nennt sich *Beweislastumkehr*. Bei einem vom Händler gekauften Computer musst du z.B. nur beweisen, dass er nicht mehr funktioniert. Ob das an einer fehlerhaften Konstruktion liegt, kannst du selbst nicht einschätzen, es sei denn, du bist Computerfachmann. Darum gibt unser Gesetz vor, dass der Händler nachweisen muss, dass die Sache beim Verkauf noch nicht fehlerhaft war. Vielleicht ist es dir heruntergefallen und deshalb defekt. Da das so ist, versuchen Händler dir manchmal ein schlechtes Gewissen zu machen, weil du angeblich den Akku falsch geladen hast o. Ä. Lass dich nicht irritieren. Wenn du den Kaufgegenstand nicht demoliert hast, ist das nicht dein Problem.

Sollte dich der Verkäufer an den Hersteller verweisen, lass dir das nicht gefallen. Ob der Hersteller eine Garantie auf das Produkt gibt und du zusätzlich etwas von ihm verlangen kannst, ist nicht entscheidend, sondern dass der Verkäufer Geld von dir bekommen hat und dir dafür ordentliche Ware schuldet. Er kann das dann intern beim Hersteller oder Großhändler monieren, aber das soll nicht dein Problem sein. Nutze diese Käuferrechte und lass dich nicht an der Nase herumführen.

Was übrigens auch schiefgehen kann, sind Haftungsfälle: wenn du durch die Ware geschädigt wirst, etwa, weil die Bremse des neuen Fahrrads versagt und du dich verletzt. Dabei kommt es darauf an, ob die Verkäuferin oder der Verkäufer selbst einen Fehler gemacht hat. Falls du durch ein fehlerhaftes Produkt geschädigt wirst, ist der Verkäufer grundsätzlich nicht zum Schadensersatz verpflichtet, wenn er die Unsicherheit nicht erkennen konnte. In diesem Fall kommt aber das Produkthaftungsgesetz in Betracht und das sieht eine Haftung vor: wenn z.B. jemand Produkte produziert und vertreibt, durch die insbesondere Körperschäden eintreten können, etwa die Mini-Motorräder, bei denen es vor einigen Jahren zu Unfällen Jugendlicher kam, weil sie komplett unsicher waren.

Wenn du übrigens mit deinen Beschwerden nicht ernst genommen wirst und „der Chef nicht zu sprechen“ ist, bleibt dir immer der Kontakt zu Verbraucherschutzzentralen. Die helfen oft gegen unfaire Händler.

Merke: Das Kaufrecht ist nicht allzu kompliziert, aber man sollte beachten, dass Verkäuferinnen und Verkäufer für die Qualität ihrer Waren verantwortlich sind und die Verantwortung nicht einfach auf ihre Lieferantinnen oder Hersteller abwälzen können.

06 Shoppen im Internet

Du bist wahrscheinlich ein Digital Native, ein junger Mensch, der seit Jahren mit IT vertraut ist, im Internet surft und online einkauft. Dabei gibt es einige rechtliche Besonderheiten. Im Gesetz stehen nämlich ein paar verhältnismäßig neue Regelungen für „Verträge im elektronischen Geschäftsverkehr". Eine Besonderheit für junge Menschen ist dabei, dass gerne auf Portalen gekauft wird. Auch das ist im Gesetz berücksichtigt und führt zu zahlreichen Pflichten der Betreiberinnen und Betreiber:

> „Online-Marktplatz ist ein Dienst, der es Verbrauchern ermöglicht, durch die Verwendung von Software, die vom Unternehmer oder im Namen des Unternehmers betrieben wird, einschließlich einer Webseite, eines Teils einer Webseite oder einer Anwendung, Fernabsatzverträge mit anderen Unternehmern oder Verbrauchern abzuschließen."

Fangen wir mit dem Beispiel an, dass du etwas im Internet angeboten bekommst und zugreifst. Das kann bei Privatpersonen auf einem Portal für Kleinanzeigen geschehen oder beim Kontakt zu Unternehmen, die Online-Handel betreiben. Im Laden wird die gekaufte Sache vor Ort abgeholt, aber beim E-Commerce – juristisch nennt sich das *Fernabsatz* – sollte geklärt werden, wie die Ware ausgehändigt wird. Wer dazu verpflichtet ist, muss sich nämlich um den Transport kümmern. Da kommen dann die Auslieferungsfahrer ins Spiel, die gerne mal das sehnlich erwartete Päckchen einfach vor der Tür abstellen oder beim Nachbarn.

Wichtig ist deshalb, dass Waren eigentlich dort abgeholt werden müssen, wo der Verkäufer sitzt. Das gilt aber nur, wenn nicht eine Lieferung vereinbart ist. Mittlerweile wird oft angeboten, dass im Kaufpreis die Zusendung enthalten ist, aber kläre das bitte, um Stress zu vermeiden. Viele Internethändler sichern dir die Lieferung zu. Das sollte auch so sein, denn sonst hast du dich um die Abholung zu kümmern. Im Gesetz steht dazu:

„Ist ein Ort für die Leistung weder bestimmt noch aus den Umständen, insbesondere aus der Natur des Schuldverhältnisses, zu entnehmen, so hat die Leistung an dem Orte zu erfolgen, an welchem der Schuldner zur Zeit der Entstehung des Schuldverhältnisses seinen Wohnsitz hatte."

Wenn's mal wieder länger dauert

Ein Standardproblem kennst du vielleicht: Die Vorfreude ist groß, aber die ersehnte Ware kommt einfach nicht. Für diese Situation gibt es eine klare Rechtslage. Entweder du geduldest dich und denkst dir, dass Vorfreude die schönste Freude ist, oder du teilst dem Händler mit, dass du keine Lust mehr hast, noch länger zu warten, und er das Bestellte nach Ablauf einer Frist, also einer fairen Zeitspanne – vielleicht eine Woche – behalten kann. Dann wird natürlich auch kein Cent gezahlt. Die Juristen nennen das *Rücktritt* und den kannst du nutzen, wenn du z.B. die bestellte Baseball-Cap nicht mehr länger haben willst. Übrigens ist das grundsätzlich genauso, wenn du hungrig im Restaurant auf deine Bestellung wartest, die aber nicht auf den Tisch kommt: einfach monieren und nach angemessener Wartezeit weiterziehen. Eine halbe Stunde sollte aber im grünen Bereich sein. Bei Fast Food musst du logischerweise noch weniger Geduld mitbringen, aber vergiss die Frist nicht, bevor du verschwindest.

Bei Käufen im Internet, wie auch andernorts, kommt es vor, dass während der Wartezeit Kosten entstehen. Deren Erstattung kannst du dann meistens auch verlangen. Beispiel: Du bestellst ein Fahrrad, das nicht wie vereinbart geliefert wird. Deshalb mietest du dir ein ähnliches Fahrrad, weil du es täglich brauchst, und verlangst die Kosten dafür von dem Fahrradverkäufer. Ein *Verzug* kann natürlich auch bei anderen Verträgen (u.a. bei Wohnung, Flug oder Friseur) passieren, aber beim Internet-Shoppen scheint es damit öfter Ärger zu geben.

Zwei Wochen Probe

Wenn du als Verbraucherin oder Verbraucher im Internet etwas bestellt hast, kannst du die Waren meistens binnen 14 Tagen zurückgeben *(Widerrufsrecht)*. Diese Frist beginnt zu laufen, sobald die Ware bei dir eingetroffen ist. Außerdem muss das Unternehmen eine Widerrufsbelehrung abgeben, damit du erkennen kannst, wie du die Sachen wieder loswirst. Wenn diese Belehrung fehlt, hast du länger Zeit für die Rückgabe.

In dieser Zeit darfst du das Gekaufte ausprobieren. Auch bei einer Verschlechterung der Ware – insbesondere Abnutzen – durch dieses Ausprobieren kannst du es zurückgeben. Du musst allerdings *Wertersatz* zahlen, wenn du die Waren „verschlechterst". Schuhe etwa darfst du anprobieren, aber natürlich nicht für einen Marathonlauf nutzen und danach zurücksenden. Sonst kann der Verkäufer von dir Wertersatz verlangen. Was genau zum Ausprobieren zählt, ist abhängig vom Kaufgegenstand. Ein Wasserbett beispielsweise kann man nur mit gefüllt Wasser ausprobieren. Dann ist es zwar nicht mehr neuwertig und nur noch schwer zu verkaufen, aber das Liegen in einem nicht befüllten Bett ist bestimmt kein Spaß. Schuhe und Kleidung darfst du auf jeden Fall anprobieren, denn das ist auch im Laden erlaubt.

Dieses Widerrufsrecht bei Nichtgefallen gilt jedoch nicht bei den für junge Menschen interessanten Möglichkeiten, Kostbarkeiten oder Plunder über Kleinanzeigen im Internet wieder zu verkaufen. Es gilt nämlich dann nicht, wenn Menschen quasi privat miteinander ins Geschäft kommen (ohne eigentlich Geschäftsleute zu sein).

Handyvertrag, echt kompliziert

Was ist die wohl „lebenswichtigste“ Ware für junge Menschen? Natürlich das Handy. Darauf sollten wir besonders eingehen, denn nutzen kannst du es nur, wenn du das Gerät erwirbst und einen „Handyvertrag“ abschließt, um ins Netz zu kommen. Beides wird von den Händlern oft kombiniert. Wenn der Handyvertrag beendet wird, wird als Anreiz für eine neue Vertragsbindung oft das neueste Gerät angeboten. Das kann auch nicht viel mehr, ist aber eben neu. Für dieses Thema ist das *Telekommunikationsgesetz* wichtig.

Vieles ist im Zusammenhang mit Festnetz-, Internet- und Mobilfunkverträgen in den letzten Jahren verbraucherfreundlicher geworden. Das kann auch bei älteren Verträgen greifen und Geld sparen. Besonders hilfreich sind die verkürzten Fristen für Kündigungen bei den üblichen automatischen Vertragsverlängerungen. Außerdem gibt es mittlerweile ein Minderungs- und Kündigungsrecht bei zu geringer Bandbreite. Der Hinweis „kein Netz“ nervt dich bestimmt, wenn dadurch deine Erreichbarkeit leidet. Deshalb gibt es ein Recht, also einen Rechtsanspruch, auf eine bestimmte Internetversorgung, die unter Umständen verlangt werden kann. Insgesamt hilft das Gesetz zudem, für mehr Transparenz zu sorgen, damit die Verträge leichter zu verstehen sind.

Merke: Wenn du etwas im Internet kaufst, hast du mehr Rechte als im Geschäft, wo du an der Kasse bezahlst.

07 Tätowieren & Co.

In diesem Abschnitt geht es um Dinge, die du anfertigen lässt, um „Werke". Ein Werk kann auch ein Maßanzug mit Nadelstreifen und passender Weste sein, doch hier ist zur Veranschaulichung eine modernere, deutlich verbreitetere „Anfertigung" gewählt.

Einverständnis der Erziehungsberechtigten

Wenn du noch nicht volljährig bist, brauchst du für eine Tätowierung das Einverständnis deiner Eltern. Das gilt, weil du deinen Körper dadurch veränderst. Diese Veränderung kann als Körperverletzung gewertet werden, wenn du zu jung bist, um darüber selbst entscheiden zu dürfen. Das ist wahrscheinlich ein Thema, über das es in den letzten Jahren in einigen Familien Streit gab. So sieht es aber unsere Rechtsordnung vor: Die Eltern haben das letzte Wort, auch wenn du dir noch so sehr eine andere Regelung wünschst und auch wenn es ja nicht um deren Körper geht. Das gilt selbstverständlich auch für Schönheitsoperationen.

Dafür zahl ich nix

Angenommen, du lässt die Eingriffe in Vorfreude auf das Ergebnis über dich ergehen – und bist dann bei näherer Betrachtung geschockt, weil es potthässlich geworden ist. Wie ist das dann rechtlich? Wir sprechen hier vom *Werkvertragsrecht*. Eine Tätowierung, eine Frisur, ein Maßanzug, alles das sind Werke. Sie müssen so sein, wie du sie bestellt hast. Wenn allerdings nicht klar vereinbart war, was du willst (beispielsweise „bitte ein cooles Einhorn auf die Schulter"), hast du nur das Recht auf ein Werk „mittlerer Art und Güte", schwammige Begriff. Kommt es zum Streit, muss eventuell ein Sachverständiger bei Gericht klären, wie denn so ein Einhorn auszusehen hat, vier Beine und ein Horn wäre aber schon zu erwarten.

Steht nun fest, dass das Werk nicht den Erwartungen gerecht wird, darfst du Nachbesserung verlangen. Das fehlende Horn beim Einhorn kann schnell noch gestochen werden, aber manchmal kann nichts mehr verbessert werden. Dann kannst du zumindest einen Teil deines Geldes zurückverlangen. Eine Chance musst du aber einräumen, wenn eine Verbesserung möglich ist; eine auf jeden Fall, bei komplizierten Werken eventuell auch mehrere. Im Juristendeutsch:

„Der Besteller kann wegen eines Mangels des Werkes nach erfolglosem Ablauf einer von ihm zur Nacherfüllung bestimmten angemessenen Frist den Mangel selbst beseitigen und Ersatz der erforderlichen Aufwendungen verlangen, wenn nicht der Unternehmer die Nacherfüllung zu Recht verweigert."

Möglich ist auch, dass du Schmerzensgeld bekommst. Dazu musst du aber nachweisen, dass sorgfaltswidrig gearbeitet wurde.

Diese Rechte hast du bei allen möglichen *Werkverträgen*. Bei denen ist es immer wesentlich, einen konkreten Erfolg eintreten zu lassen, also nach dem Schönheitseingriff auch wirklich hübscher auszuschauen. Wenn das Ergebnis nicht eintritt, wird auch nichts oder jedenfalls nicht der ganze Preis bezahlt. Es gibt aber auch die Möglichkeit zu vereinbaren, dass jemand sich nur um ein bestimmtes Ergebnis bemüht, das nennen wir *Dienstvertrag*. Dann muss auch gezahlt werden, wenn es nicht geklappt hat, beispielsweise im Falle eines Arztes, der bei einer Krankheit trotz guter Behandlungsversuche den Patienten nicht heilen konnte.

Noch eine Anmerkung, die eigentlich für jeden Vertragsabschluss gilt, hier aber besonders gut passt: Fast alle Verträge können in Vertretung für andere abgeschlossen werden, wenn klar wird, dass die Person, mit der du etwas vereinbarst, nicht selbst den Vertrag zu erfüllen hat. Beispielsweise schließen Mitarbeitende in Geschäften eigentlich immer Verträge für den Inhaber ab. Wenn du also selbst nicht verpflichtet werden willst, muss das dem Gegenüber klargemacht werden. Das formuliert der Gesetzgeber so:

„Tritt der Wille, in fremdem Namen zu handeln, nicht erkennbar hervor, so kommt der Mangel des Willes, in eigenem Namen zu handeln, nicht in Betracht."

Merke: Wenn du jemanden damit beauftragst, etwas anzufertigen oder herzustellen, gibt es ein Nachbesserungsrecht. Wichtig ist in jedem Fall, dass klar wird, was eigentlich gemacht werden soll. Drück dich dazu also bitte präzise aus.

08 Bist du bei Social Media?

Früher haben sich junge Leute auf dem Schulhof getroffen und für „nach den Hausaufgaben“ verabredet. Mittlerweile findet das soziale Leben oft online statt. Ob du das gut findest, musst du selbst entscheiden, oder deine Eltern machen dir die Entscheidung leichter, weil sie deine Medienzeit begrenzen. Wenn du aber die große weite Welt des Internets nutzt, um Freunde und Erfahrungen zu sammeln, achte auf einige rechtliche Besonderheiten.

Auf dem Präsentierteller

In der jüngeren Generation hat das Internet auch in sozialer Hinsicht eine riesige Bedeutung. Social Media bestimmen oft den jugendlichen Alltag. Dabei gibt es einige typische Rechtsprobleme. Das „Recht am eigenen Bild“ ist eines davon. Auch dass seitens des Staates Chatverläufe kontrolliert werden können, sollte bekannt sein. Beim Verschicken von Bildern, verbotenen Symbolen oder Meinungen usw. kann es richtig Ärger geben. Bitte berücksichtige auch, dass Inhalte im Internet nicht leicht gelöscht werden können. Schütze deine Privatsphäre, denn im WWW begibst du dich für lange Zeit auf einen Präsentierteller und der Rechtsstaat ist im Umgang damit noch nicht allzu gut aufgestellt.

Rechtsrahmen beim „Surfen“

Ein sehr sensibles Thema ist das Verbreiten von verbotenen Symbolen im Internet. Das kann strafbar sein. Rassistische Lieder, von Angetrunkenen auf Sylt ins Netz gestellt, gechattete Beleidigungen gegen Politikerinnen oder Politiker, die Verbreitung intimer Bilder von Jugendlichen, all dies sind Exzesse, die erhebliche rechtliche Konsequenzen haben können, auch wenn sich junge Menschen der Tragweite oft nicht bewusst sind.

Da das Internet eine Spielwiese für Kreativität ist, sollte auch das rechtliche Problem des Schutzes von geistigem Eigentum bekannt sein. Die Idee dabei ist, dass jemand, der eine clevere Idee hat, nicht hinnehmen muss, wenn andere sozusagen auf dieser Welle mitsurfen. Das ist verständlich. Stell dir vor, du komponierst einen Song und dann merkst du, wie jemand deine Komposition einfach nutzt, eventuell sogar richtig Geld damit verdient. Es ist bitter, wenn so jemand behauptet, er habe sich das ausgedacht.

Worum es hier geht, nennt sich *Urheberrecht*. Das gilt nicht nur bei online einsehbaren geistigen Leistungen, ist dort aber besonders einschneidend. Ob Filme oder Inhalte von Websites und vieles mehr, sobald es sich um eine schöpferische Leistung handelt, darfst du diese nicht kopieren oder in rechtswidriger Weise verwenden. Sonst kann es passieren, dass Rechtsanwälte dich abmahnen und bereits dadurch Anwaltskosten entstehen, die du zu tragen hast. Außerdem kann es weitere Konsequenzen haben, bis hin zu ernsthaften Strafen.

Im Urheberrechtsgesetz wird dieser rechtliche Schutz detailliert erläutert. Im Kern ist das so dargestellt:

> „Das Urheberrecht schützt den Urheber in seinen geistigen und persönlichen Beziehungen zum Werk und in der Nutzung des Werkes. Es dient zugleich der Sicherung einer angemessenen Vergütung für die Nutzung des Werkes."

In unserem Zusammenhang ist zunächst nur wichtig, was eigentlich davon erfasst ist. Wie üblich ist der Gesetzestext etwas abstrakt. Vereinfacht gesagt geht es ganz besonders um Schriftwerke, Reden, Computerprogramme, Musik, Tanz, verschiedene Kunstwerke, Fotos, Filme, aber auch wissenschaftliche und technische Darstellungen. Bei dem Begriff „Kunst" ist übrigens noch interessant, dass die Rechtsprechung grundsätzlich meint, dies sei das, was der Künstler als Kunst empfindet, und darüber kann man trefflich streiten. Im Kern: Wenn du ein mulmiges Gefühl hast, etwas zu nutzen, das du dir nicht ausgedacht hast, sei besser vorsichtig.

Zu dem, was nicht einfach genutzt oder verbreitet werden darf, zählen außerdem noch Designs, praktische Gegenstände (sog. Gebrauchsmuster) und Marken, also die Kennzeichen und Logos von Unternehmen und Produkten. Bestimmt kennst du Marken, die für dich attraktiv sind. Verbreitet sind dabei auch sog. Fakes, also nachgemachte Waren. Fälschung bedeutet dabei einfach, dass die Marken usw. früher bereits von anderen geschützt, also in rechtliche Register bei den zuständigen Behörden eingetragen wurden. Wer eine Marke zuerst eintragen lässt, hat in der Regel das Recht, die Nutzung durch andere zu verbieten, kann diese aber auch durch sog. Lizenzen genehmigen. Einige Marken sind immens wertvoll.

Deine Daten sind sicher, echt jetzt?

In rechtlicher Hinsicht ist Datenschutz ein zentrales Thema. Der Gesetzgeber hat viele Vorschriften erlassen, die eigentlich verhindern sollen, dass persönliche Daten missbraucht werden. Allerdings scheitert dies oft daran, dass Unternehmen versuchen, irgendwie an die Daten zu kommen. Oft gibt man dazu leichtfertig ein Einverständnis ab, obwohl man dies nicht als solches erkennt. Im Zweifel solltest du einfach „verweigern" anklicken, wenn du um Zustimmung gebeten wirst.

Datenschutz ist dazu gemacht, deine persönlichen Daten vor der Einsicht durch Unberechtigte zu schützen. Es geht beispielsweise nicht alle etwas an, wie alt und wie groß du bist. Mit Bekanntgabe deiner Daten verlierst du die Kontrolle darüber. In Deutschland ist es zwar verboten, unberechtigt Daten zu sammeln und zu verwerten, aber im Ausland ist man da nicht so zimperlich. Wenn du von sog. Datendiebstahl oder -missbrauch, also der fremden Nutzung deiner personenbezogenen Daten ohne deine Zustimmung betroffen bist, kann die Polizei helfen und in Unternehmen gibt es oft Datenschutzbeauftragte.

Und noch etwas ist wichtig: Bitte sei skeptisch bei der Nutzung von digitalen Informationsquellen und -produkten. Die Jugend ist in dieser Hinsicht manchmal etwas leichtgläubig und das nutzen manche für kommerzielle und politische Ziele massiv aus. Es kann passieren, dass du getäuscht wirst. Bei Verträgen kannst du dich dann vielleicht lösen und eine Anfechtung wegen arglistiger Täuschung erklären. Bei politischen – ganz konkret bei antidemokratischen – Desinformationen wird es rechtlich schwer und dich schützt nur deine kritische und sorgfältige Prüfung, was dir dort online zugemutet wird, in sozialen Netzwerken besonders.

Merke: Soziale Netzwerke schaffen erhebliche Risiken für deine Privatsphäre. Es gibt aber Rechte zu deinem Schutz.

09 „Zocken" etc.

In einem Buch zu Rechtswissen für junge Menschen kann nicht ausgeklammert werden, dass sich digitale Unterhaltung mehr und mehr breitgemacht hat und Computerspiele, wie auch sonstiger Freizeitvertreib mit digitalen Medien, den jugendlichen Alltag oft ergänzen, teils sogar prägen.

Jugend braucht Schutz und Vertrauen

Eltern sind oft besorgt, ob ihre Kinder in die digitale Welt entgleiten. Nicht zuletzt deshalb hat der Gesetzgeber vieles unternommen, um euch vor Gefahren zu schützen, die ihr altersbedingt – zumindest aus Sicht der Erwachsenen – unterschätzt.

Filme werden schon lange nicht mehr – wie noch in der Elterngeneration – über Videotheken ausgeliehen und auch immer weniger im Kino angeschaut. Stattdessen wird gestreamt und das Internet dient als Quelle, auch wenn manche Dinge dort kostenpflichtig sind. Vor diesem Hintergrund sei der Jugendschutz kurz erwähnt, denn es gibt, wie du bestimmt weißt, Altersgrenzen für Nutzung, Zugang und Erwerb. Im Jugendschutzgesetz findet man dazu Folgendes:

„Filme und Spielprogramme dürfen nicht für Kinder und Jugendliche freigegeben werden, wenn sie für Kinder und Jugendliche in der jeweiligen Altersstufe entwicklungsbeeinträchtigend sind."

Digitale „Skins" verkaufen

Dass Software, die man nicht in Händen halten kann, verkauft wird, ist nicht neu, aber es sind immer wieder neue rechtliche Aspekte zu beachten. Beim Computerspiel können Nutzerinnen und Nutzer teils Figuren kaufen – also herunterladen – und diese dann kämpfen lassen. Man kann also in der Tat nicht nur körperliche Gegenstände, sondern auch „Rechte" verkaufen, genau genommen wird eine Lizenz übertragen. Nachstehend liest du nur eine einzige Vorschrift zu den vielen drängenden digitalen Rechtsproblemen. Das zeigt, wie komplex Recht sein kann:

> „Die Vorschriften dieses Untertitels sind auf Verbraucherverträge anzuwenden, welche die Bereitstellung digitaler Inhalte oder digitaler Dienstleistungen (digitale Produkte) durch den Unternehmer gegen Zahlung eines Preises zum Gegenstand haben. Preis im Sinne dieses Untertitels ist auch eine digitale Darstellung eines Werts.
>
> Digitale Inhalte sind Daten, die in digitaler Form erstellt und bereitgestellt werden. Digitale Dienstleistungen sind Dienstleistungen, die dem Verbraucher
>
> die Erstellung, die Verarbeitung oder die Speicherung von Daten in digitaler Form oder den Zugang zu solchen Daten ermöglichen, oder die gemeinsame Nutzung der vom Verbraucher oder von anderen Nutzern der entsprechenden Dienstleistung in digitaler Form hochgeladenen oder erstellten Daten oder sonstige Interaktionen mit diesen Daten ermöglichen."

Übrigens hat sich in dieser Hinsicht in den letzten Jahren einiges getan. Unser Bürgerliches Gesetzbuch ist schon sehr betagt, und als es noch in Zeiten deutscher Kaiser geschrieben wurde, war die Technik noch lange nicht so weit. Darum gab es Aktualisierungen für den „Kauf von Sachen mit digitalen Elementen" und neuere Vorgaben über „digitale Produkte", also „digitale Inhalte" – das sind beispielsweise E-Books – und „digitale Dienstleistungen" – das sind z.B. Streaming-Dienste. Eigentlich gibt es dazu ein Widerrufsrecht, das grundsätzlich binnen vierzehn Tagen ausgeübt werden muss. Allerdings gilt das logischerweise nicht mehr, wenn beispielsweise eine App heruntergeladen oder ein Streaming-Dienst genutzt wurde. Insgesamt ist das allerdings noch alles ziemlich frisch, hoffentlich kommen die Gerichte mit den rechtlichen Problemen bei der Nutzung von Computern usw. gut klar, denn da kann es viele Streitereien geben.

Dieses ganze Thema gilt zwar für alle Menschen, aber für die Jüngeren ist es besonders spannend, weil sie in die digitale Welt hineingeboren wurden. Natürlich muss das Recht sich den rasanten Entwicklungen anpassen. Weil wir noch nicht wissen, wie sich insbesondere die Künstliche Intelligenz weiterentwickelt, bleibt es spannend, die Rechtsentwicklungen zu beobachten.

Merke: Computerspiele und soziale Medien sind bei vielen Jugendlichen beliebt, sie bergen aber durchaus Risiken und werden deshalb rechtlich reglementiert.

10 Kneipe, Konzert und Disko

„Party machen“ gehört dazu. In Deutschland – anders als in den USA – könnt ihr zwar vor dem 21. Geburtstag viel unternehmen, aber es gibt rechtliche Besonderheiten.

Jugendschutzgesetz hängt aus

In allen Gastronomiebetrieben sollte ein Auszug aus dem Jugendschutzgesetz hängen, das ist verpflichtend:

„Veranstalter und Gewerbetreibende haben die [. . .] geltenden Vorschriften [. . .] durch deutlich sichtbaren und gut lesbaren Aushang bekannt zu machen.“

Der Sinn dieses Aushangs ist es, junge Menschen vor diversen Gefahren besser zu schützen. Diese Gefahren lauern aus Sicht Erwachsener in Begegnungsstätten, die gerne von Jugendlichen aufgesucht werden. Im Zentrum stehen bei den Schutzvorgaben die Abwendung von Drogenmissbrauch und die Begrenzung der Aufenthaltszeiten. Es ist spannend, sich genauer durchzulesen, was man ab wann und wie lange darf. Für wen die Vorgaben des Jugendschutzes gelten, ist klargestellt:

„Im Sinne dieses Gesetzes
sind Kinder Personen, die noch nicht 14 Jahre alt sind,

sind Jugendliche Personen, die 14, aber noch nicht 18 Jahre alt sind,

ist personensorgeberechtigte Person, wem allein oder gemeinsam mit einer anderen Person nach den Vorschriften des Bürgerlichen Gesetzbuchs die Personensorge zusteht,

> ist erziehungsbeauftragte Person, jede Person über 18 Jahren, soweit sie auf Dauer oder zeitweise aufgrund einer Vereinbarung mit der personensorgeberechtigten Person Erziehungsaufgaben wahrnimmt oder soweit sie ein Kind oder eine jugendliche Person im Rahmen der Ausbildung oder der Jugendhilfe betreut."

Hier ein Beispiel, wie der Umgang mit Alkohol gehandhabt werden soll:

> „In Gaststätten, Verkaufsstellen oder sonst in der Öffentlichkeit dürfen Bier, Wein, weinähnliche Getränke oder Schaumwein oder Mischungen von Bier, Wein, weinähnlichen Getränken oder Schaumwein mit nichtalkoholischen Getränken an Kinder und Jugendliche unter 16 Jahren, [. . .] andere alkoholische Getränke oder Lebensmittel, die andere alkoholische Getränke in nicht nur geringfügiger Menge enthalten, an Kinder und Jugendliche weder abgegeben noch darf ihnen der Verzehr gestattet werden."

Die Einschränkung bei Bier usw. gilt nach dem Gesetzestext bei Jugendlichen aber so nicht, wenn erwachsene Begleitung aufpasst. Für „andere alkoholische Getränke" gibt es aber auch mit denen keine Erlaubnis, denn insbesondere Hochprozentiges ist für Körper und Geist viel schädlicher, als es Jugendliche und teils deren Eltern wahrhaben wollen.

„Mutti-Zettel" macht Sinn

Ob sich Jugendliche an bestimmten Orten aufhalten dürfen, hängt oft vom Einverständnis der Erziehungsberechtigten ab. Das können die auch aufschreiben. Meistens haben die Eltern das gemeinsame Sorgerecht und müssen also zusammen entscheiden, weshalb der Begriff „Mutti-Zettel", den Jugendliche verwenden, nicht richtig passt. Jedenfalls macht es Sinn, dass du vor der Volljährigkeit immer ein Dokument dabei hast, aus dem sich ergibt, was du darfst. Wenn du noch jung bist, solltest du dieses Thema in Ruhe mit deinen Eltern besprechen, damit präzise aufgeschrieben wird, was du darfst, beispielsweise ein Taxi benutzen und etwas länger ausbleiben. Viel Spaß beim Verhandeln!

Versammlungen bergen Risiken

Große Menschenmengen können mit gewissen Risiken verbunden sein, u.a. wenn Panik ausbricht. Aus diesem Grund gibt es die Rechtsvorgaben für sog. Versammlungsstätten. Diese gelten zwar für alle, aber junge Menschen sind besonders schutzbedürftig. Auf Veranstaltungen müssen deshalb besondere Vorgaben eingehalten werden, was Lärmschutz, Rettungs- und Hilfspersonal, Fluchtwege usw. betrifft. Ein Blick auf die gesetzlichen Regelungen kann dir bei der Einschätzung helfen, ob die Location, in die du gehst, diesen Anforderungen genügt. Die Vorgaben dienen letztlich deinem Schutz.

Bei solchen Begegnungsstellen ist besondere Vorsicht wichtig. Es gab leider bei Techno-Veranstaltungen, Rap Konzerten usw. schon schlimme Vorfälle. Das Recht ist in dieser Hinsicht gut gemeint und oft auch gut gemacht.

Merke: Sobald du dich in Gastronomie-, Veranstaltungs- und sonstige Bereiche begibst, solltest du wissen, dass es rechtliche Vorgaben zu deinem Schutz gibt, aber letztlich viel Eigenverantwortung verbleibt und deine Sicherheit nicht immer gewährleistet ist. Schärfe deshalb deinen Instinkt für Gefahren anstatt nur auf den Gesetzgeber zu vertrauen.

11 Mobil sein

Es ist langweilig, immer nur zuhause herumzusitzen, also raus und Freunde treffen, ins Fitnessstudio gehen oder wozu du Lust hast. Aber dafür brauchst du ein altersgerechtes Fortbewegungsmittel. Für junge Menschen bietet sich das klassische Fahrrad an, vielleicht auch ein Skateboard, mittlerweile außerdem oft ein E-Roller.

Augen auf im Straßenverkehr

Die Straßenverkehrs-Ordnung solltest du zumindest teilweise kennen. Viele Vorgaben bei der Nutzung öffentlicher Straßen und Wege sind sehr sinnvoll. Hier zeigt sich eindeutig, dass wir rechtliche Vorgaben für ein reibungsloseres Miteinander brauchen. Die Grundregel „rechts vor links" etwa macht es uns leichter, denn wenn an jeder Kreuzung unklar wäre, wer Vorfahrt hat, wären bald alle genervt und wahrscheinlich würden es viel Gebrüll geben. Das Ganze ist in der Verordnung gleich am Anfang auf den Punkt gebracht:

> „Die Teilnahme am Straßenverkehr erfordert ständige Vorsicht und gegenseitige Rücksicht.
> Wer am Verkehr teilnimmt, hat sich so zu verhalten, dass kein Anderer geschädigt, gefährdet oder mehr, als nach den Umständen unvermeidbar, behindert oder belästigt wird."

Was das konkret bedeutet, kommt immer auf die Situation an, aber man sollte besser zu vorsichtig als zu unvorsichtig sein, schließlich geht es um Gesundheit und Leben.

Besser nicht zu zweit auf dem Elektroroller

Besonders unangenehm fallen manche Jugendliche auf, wenn sie – oft nicht nur alleine – auf E-Rollern herumdüsen. Die Verkehrssicherheit sollte unbedingt im Blick behalten werden, denn niemand hat Lust, im Krankenhaus zu landen – oder Schlimmeres. E-Roller dürfen übrigens wohl bald nicht mehr überall stehen und liegen gelassen werden. Im Fluss versenken war schon immer verboten, aber mittlerweile ist auch vorgesehen, dass sie nur an bestimmten Stellen geparkt werden dürfen. Die Straßenverkehrsordnung regelt das. Es gibt auch einen *Bußgeldkatalog*, in dem steht, was Verstöße kosten (schade ums Geld). Schau dir das mal an, denn als junger Mensch trägst du grundsätzlich genau wie alle anderen Verantwortung, wenn du am Straßenverkehr teilnimmst, lieber den Fuß vom Gas nehmen.

Schwarzfahren muss nicht sein

Wenn du in einer größeren Stadt lebst, gibt es dort wohl U- und S-Bahnen. Wenn du ein Schülerticket hast, sollte es keine Probleme geben, aber Fahren ohne gültigen Fahrausweis ist ein bei Jugendlichen nicht ganz unbekanntes Problem. Juristisch wird das als *Erschleichen von Leistungen* gewertet. Die rechtlichen Konsequenzen können noch schlimmer sein, wenn z.B. ein Ausweisdokument oder eine Monatsfahrkarte von Bekannten vorgelegt wird, denn die sind natürlich nicht übertragbar und berechtigen nur die eingetragene Person. Das ist so sogar strafbar:

„Wer die Leistung eines Automaten oder eines öffentlichen Zwecken dienenden Telekommunikationsnetzes, die Beförderung durch ein Verkehrsmittel oder den Zutritt zu einer Veranstaltung oder einer Einrichtung in der Absicht erschleicht, das Entgelt nicht zu entrichten, wird mit Freiheitsstrafe bis zu einem Jahr oder mit Geldstrafe bestraft, wenn die Tat nicht in anderen Vorschriften mit schwererer Strafe bedroht ist."

Den „Lappen" machen und behalten

Schon klar, mittlerweile ist die *Fahrerlaubnis* ein Plastikkärtchen, aber der alte Begriff war so sympathisch. Die Führerscheinprüfung ist eine der üblichen Anforderungen an junge Menschen, sei es für Mofa, Moped oder Auto. Früher ging vor dem 18. Geburtstag bei den Personenkraftfahrzeugen nichts, aber heutzutage besteht die Möglichkeit des sog. begleitenden Fahrens ab dem 17. Geburtstag. Dazu ein Blick in die Fahrerlaubnis-Verordnung:

„Die Fahrerlaubnis ist für die Fahrerlaubnisklassen B und BE mit der Auflage zu versehen, dass von ihr nur dann Gebrauch gemacht werden darf, wenn der Fahrerlaubnisinhaber während des Führens des Kraftfahrzeugs von mindestens einer namentlich benannten Person, die den Anforderungen der Absätze 5 und 6 genügt, begleitet wird (begleitende Person). Die Auflage entfällt, wenn der Fahrerlaubnisinhaber das Mindestalter nach § 10 Absatz 1 Satz 1 Nummer 5 Buchstabe a erreicht hat."

Um deutlich zu machen, dass Verstöße gegen das Straßenverkehrsrecht ernst genommen werden, kann der Führerschein auch wieder entzogen werden. In krassen Fällen muss man den „Idiotentest" bestehen, um ihn wieder zu bekommen. Das ist natürlich nicht der rechtlich korrekte Name dieser Zusatzprüfung, sie heißt *Medizinisch-Psychologische Untersuchung*, kurz MPU.

„Erweist sich der Inhaber einer Fahrerlaubnis als ungeeignet zum Führen von Kraftfahrzeugen, hat ihm die Fahrerlaubnisbehörde die Fahrerlaubnis zu entziehen. Dies gilt insbesondere, wenn Erkrankungen oder Mängel [. . .] vorliegen oder erheblich oder wiederholt gegen verkehrsrechtliche Vorschriften oder Strafgesetze verstoßen wurde und dadurch die Eignung zum Führen von Kraftfahrzeugen ausgeschlossen ist."

Merke: Ein wichtiger Berührungspunkt mit dem Rechtsstaat ist der Verkehr, denn dabei sind Schädigung und Gefährdung anderer Verkehrsteilnehmenden alltäglich, wie in kaum einem anderen Lebensbereich. Hier zeigen sich die Bedeutung von Sozialkompetenz und Rechtsklarheit besonders deutlich, und mit dem Erlangen der Fahrerlaubnis sollte das Interesse an den rechtlichen Rahmenbedingungen nicht entfallen.

12 Big love forever

Spannend wird es im Leben junger (und älterer) Menschen, wenn sie eine (Liebes-)Beziehung eingehen. Wie du dein Leben mit Partnerinnen und Partnern gestaltest, soll dir überlassen bleiben. Wenn junge Menschen miteinander „gehen", also ein Paar werden, ist das eigentlich auch kein rechtliches Thema, es geht den Staat nichts an. Allerdings gibt es Beziehungsmodelle, die rechtliche Auswirkungen haben. Dazu hilft ein Überblick.

Verliebt, verlobt, verheiratet

Beziehungen als solche sind rechtlich nur geregelt, wenn es sich um ein Verlöbnis handelt oder um eine Ehe. Ein Verlöbnis könnte auch in jüngeren Jahren relevant sein, dabei geht es um das Versprechen, die Ehe einzugehen. Zwar kann nicht verlangt werden, dass dies dann auch wirklich passiert, aber der Gesetzgeber hat beispielsweise geregelt, dass Geschenke zurückzugeben sind, sofern das Verlöbnis gelöst wird. In diesem Zusammenhang ist auch interessant, dass bei Strafverfahren Verlobte ein *Zeugnisverweigerungsrecht* haben, also nicht belastend aussagen müssen.

Schwierig kann es sein, wenn eine Beziehung zerbricht und eine gemeinsame Wohnung aufgegeben werden muss. Du solltest dich im Vorfeld darüber informieren und entscheiden, wie das dann abgewickelt werden soll, damit nicht im Streitfall zusätzlich Stress entsteht.

Wer mit wem

Zum Jungsein gehört das neugierige Interesse an anderen auf Beziehungsebene, oft eine Orientierungsphase beim Erwachsenwerden. In Bezug auf Beziehungen hat sich in unserer modernen Gesellschaft schon vieles verändert. Dass Frauen Frauen und Männer Männer heiraten dürfen, war noch in der Jugend deiner Eltern unmöglich. Mittlerweile gibt es öffentliche Diskussionen zur Aufteilung der Geschlechter – weiblich, männlich, divers, weitere –, da ist einiges noch unklar. Ebenso gibt es liberale Ambitionen für alternative Rechtsbindungen gegenüber der klassischen Ehe.

Ob es erforderlich ist, sich beim Geschlecht auf die Kategorien weiblich oder männlich festzulegen, und wie konservativ unsere Gesellschaft mit dem klassischen Familienbild „Vater, Mutter, Tochter, Sohn“ aktuell umgeht, wird in Gesellschaft und Politik lebhaft diskutiert. Rechtlich ist das nicht unproblematisch, weil sich die Behörden danach ausrichten müssen. Hier muss die weitere Entwicklung einfach beobachtet werden, denn so entsteht Recht: aus Meinungsaustausch, auch „Diskurs“ genannt.

Fakt ist aber, dass aus rechtlicher Sicht seit 1900 die Eheschließung der übliche Weg zur Verbindlichkeit der Beziehung ist. Dieser Teil des *Familienrechts* ist geprägt von zahlreichen Versorgungs-, Vertretungs- und Scheidungsthemen. Dass die heiratswilligen Paare sich auch nur in Teilen darüber klar sind, welche Folgen die Eheschließung hat, darf bezweifelt werden. Dies ist einer der großen Missstände in unserem Rechtsstaat und eigentlich sollte viel mehr darüber aufgeklärt werden, denn Ehen scheitern keineswegs selten.

Beim Standesamt, der zuständigen Behörde, wird mit Eheschließung beispielsweise vereinbart, dass die gesetzliche Zugewinngemeinschaft erfolgt.

„Zugewinn ist der Betrag, um den das Endvermögen eines Ehegatten das Anfangsvermögen übersteigt.“

Von dem, was die Eheleute während der Ehe erwirtschaften, wird die Differenz ermittelt, und bei einer Scheidung hat die- oder derjenige mit mehr Ersparnissen die Hälfte dieser Differenz abzugeben. Beispiel: Der Gatte ist erfolgreicher Banker und spart während der Ehe 1 Million Euro. Seine Gemahlin betreut die Kinder und erspart nichts. Nun bekommt sie bei einer Trennung die Hälfte der Million als Zugewinnausgleich. Was die Eheleute schon vor der Ehe hatten und was geschenkt oder ererbt wurde, fällt nicht darunter. Dieser Regelung liegt die klassische Rollenverteilung zugrunde, bei der in früheren Generationen die Hausfrau sonst oft keine ausreichende Absicherung erhalten hätte. Heutzutage ist diese Rollenverteilung zumindest seltener geworden und das Rechenbeispiel ist ebenso verwendbar, wenn der Gemahl sich für Kinder und Haushalt wesentlich einbringt und die Gattin primär verdient. Verdienen und sparen beide, ist der Zugewinnausgleich geringer.

Ob das jeweils zur Beziehung passt, muss aber sorgfältig durchdacht werden. Ein Ehevertrag bietet die Möglichkeit, abweichende Regelungen zu vereinbaren. Geschieht das nicht, gilt das Gesetz automatisch.

Merke: Beziehungsmodelle können ganz erhebliche Rechtsfolgen auslösen. Wahrscheinlich ist das Eingehen einer Ehe der wichtigste Vertrag im Leben der meisten Menschen. Auch wenn das altersbedingt noch nicht dein Lebenskonzept ist, empfiehlt sich eine Befassung mit den vielen Rechtsvorgaben, spätestens sobald das Ja-Wort gegeben wird.

13 Auf Reisen

Nun zu einem (meist) schönen Thema. Reisen ist für alle spannend, junge Menschen aber bekommen dabei oft die ersten Eindrücke von anderen Ländern und Kulturen.

Vorsicht bei ausländischem Recht

Nicht so einfach ist es, falls du keine Reise in Deutschland gebucht hast, sondern auf eigene Faust ins Ausland gegangen bist und dich dort selbst um eine Unterkunft gekümmert hast. Das ist zwar abenteuerlicher, aber du musst dich dann notfalls mit dortigen Fluggesellschaften, Hotels usw. unmittelbar streiten. Natürlich nur im Fall, dass die Reise schlecht ist, denn dann kannst du Geld zurückfordern.

Wenn mehrere nationale Rechtsordnungen betroffen sind, weil du beispielsweise mit deutscher Staatsangehörigkeit im Urlaub einen Hotelaufenthalt buchst und der Hotelinhaber spanisch ist, kommt es zum Conflict of Laws, dem Konflikt mehrerer Rechtsordnungen.

Im Ausland gilt natürlich in der Regel das Recht des jeweiligen Landes. Wenn dort beispielsweise Straftaten begangen werden, kommt nach dem *Territorialprinzip* auch eine dortige Bestrafung in Betracht. Bei Drogendelikten etwa kann das deutlich strenger sein als bei uns.

Für manche Fälle gibt es internationale Rechtsabkommen, bei denen die beteiligten Länder sich einigen, dass Regelungen einheitlich gelten. Wenn du mit einer ausländischen Airline in ein anderes Land fliegst, gilt meistens ein solches Abkommen, es heißt *Montrealer Übereinkommen.*

Damit ist für dich klar, was du bekommst, wenn z.B. dein Koffer verloren geht. Übrigens ist das nur ein begrenzter Betrag, und es kann leider sein, dass dein Koffer mehr wert war. Manchmal schützt das Recht eben auch Unternehmen.

Innerhalb der Europäischen Union kann es helfen, wenn du deine Reise über das Internet gebucht hast, denn dann findet unter bestimmten Voraussetzungen sogar deutsches Recht Anwendung, was in der sog. *Rom-Verordnung* vorgegeben ist.

> „[...] unterliegt ein Vertrag, den eine natürliche Person zu einem Zweck, der nicht ihrer beruflichen oder gewerblichen Tätigkeit zugerechnet werden kann („Verbraucher"), mit einer anderen Person geschlossen hat, die in Ausübung ihrer beruflichen oder gewerblichen Tätigkeit handelt („Unternehmer"), dem Recht des Staates, in dem der Verbraucher seinen gewöhnlichen Aufenthalt hat,
> sofern der Unternehmer
>
> a) seine berufliche oder gewerbliche Tätigkeit in dem Staat ausübt, in dem der Verbraucher seinen gewöhnlichen Aufenthalt hat, oder
>
> b) eine solche Tätigkeit auf irgendeiner Weise auf diesen Staat oder auf mehrere Staaten, einschließlich dieses Staates, ausrichtet und der Vertrag in den Bereich dieser Tätigkeit fällt.

Im Klartext: Wenn du als Privatperson über ein Internetportal buchst, kann danach deutsches Recht genutzt werden. Das ist zwar auch nicht leicht verständlich, aber hierzulande immer noch eher als ausländisches Recht.

Daneben gibt es noch weitere Vorgaben, welches Recht denn nun gilt, falls die Rechtsbeziehungen mehrere Staaten betreffen. Solche Klarstellungen sind sicher ein Verdienst der EU und erleichtern uns grenzüberschreitende Kontakte. Dazu kommt, dass du dann sogar berechtigt bist, in Deutschland gerichtliche Hilfe zu nutzen. Wichtig ist dabei ebenfalls, dass der

Anbieter dich hier umworben hat. So sieht das unsere *EU-Verordnung bezüglich Verbrauchersachen* vor:

„Die Klage eines Verbrauchers gegen den anderen Vertragspartner kann entweder vor den Gerichten des Mitgliedstaats erhoben werden, in dessen Hoheitsgebiet dieser Vertragspartner seinen Wohnsitz hat, oder ohne Rücksicht auf den Wohnsitz des anderen Vertragspartners vor dem Gericht des Ortes, an dem der Verbraucher seinen Wohnsitz hat. [. . .] Die Klage des anderen Vertragspartners gegen den Verbraucher kann nur vor den Gerichten des Mitgliedstaats erhoben werden, in dessen Hoheitsgebiet der Verbraucher seinen Wohnsitz hat."

Auch in dieser Verordnung wird (mehr) Rechtssicherheit bei Auslandskontakten geschaffen und wir können besser vorhersehen, bei welchen Gerichten notfalls eine Streitbeendigung erfolgen kann.

Lass dich also nicht von rechtlicher Unsicherheit abhalten, andere Länder zu erkunden. Zumindest innerhalb der EU kannst du oft mit deutschem Recht im Reisegepäck klarkommen. Im ferneren Ausland ist es riskanter und im schlimmsten Fall brauchst du dortige Rechtsberatung.

Das sah aber ganz anders aus

Junge Menschen buchen aber auch oft im Internet sog. Pauschalreisen, bei denen Beförderung und Unterkunft von deutschen Reiseveranstaltern gebündelt angeboten werden. Das ist vielleicht nicht so „cool" wie ein Rucksack-Trip auf eigene Faust, aber aus rechtlicher Sicht weitaus komfortabler. Dann verdrängt nämlich deutsches Reiserecht die gesamte Problematik mit dem ausländischen Recht und die Rechtsfolgen stehen vollständig im deutschen Gesetzbuch.

Der Reiseveranstalter muss dafür sorgen, dass die Reise so gut ist, wie – etwa im Reiseprospekt – versprochen. Gelingt dies nicht, kannst du dich beschweren. Wenn das nichts bringt, kannst du einen Teil des Bezahlten zurückverlangen und eventuell sogar die Reise abbrechen. Wenn es sehr schiefläuft, und das erstreckt sich sogar auf die entgangene Urlaubsfreude, kannst du außerdem Entschädigung bekommen. Schüler sind zwar etwas weniger erholungsbedürftig als Arbeitnehmende, aber auch sie können entschädigt werden.

Reisen kann man auch in Deutschland, aber oft will man in die große weite Welt und die ist in rechtlicher Hinsicht leider kompliziert. Was bei uns erlaubt ist, darf man in anderen Ländern vielleicht nicht. Man sollte sich also bewusst sein, dass alle Länder für ihr Territorium Recht schaffen, und das gilt auch für dich, sobald du einen Fuß hineinsetzt.

Merke: Beim Reisen kann das Recht anderer Länder greifen. Dazu gibt es in Reiseführern manchmal Tipps. Aber wenn dir das zu riskant ist, geh zu einem deutschen Reiseveranstalter, dann gilt auch unser Reiserecht.

14 Du und dein Haustier

Ein Haustier kann helfen, verantwortungsvoll zu werden, sagt man. Unabhängig von dem positiven Einfluss auf Heranwachsende sind Tiere eine Bereicherung im Leben. Mit der Entscheidung für die Anschaffung eines Haustieres ist allerdings auch rechtliche Verantwortung verbunden.

Tiere haben Rechte

Tiere sind bekanntermaßen Lebewesen und Spielzeug. Früher stand im Gesetz, Tiere seien Sachen, heute wird das freundlicher formuliert:

„Tiere sind keine Sachen. Sie werden durch besondere Gesetze geschützt. Auf sie sind die für Sachen geltenden Vorschriften entsprechend anzuwenden, soweit nicht etwas anderes bestimmt ist."

Das Tierschutzgesetz schützt sie vor Misshandlung. Im Gesetz steht allerdings, dass Tiere rechtlich wie Sachen behandelt werden, wenn es beispielsweise um den Verkauf geht. Das unterscheidet sie deutlich von uns Menschen. Hierzu lohnt es sich, die Gesetzesvorgaben genauer zu lesen:

„Wer ein Tier hält, betreut oder zu betreuen hat,
muss das Tier seiner Art und seinen Bedürfnissen entsprechend angemessen ernähren, pflegen und verhaltensgerecht unterbringen,
darf die Möglichkeit des Tieres zu artgemäßer Bewegung nicht so einschränken, dass ihm Schmerzen oder vermeidbare Leiden oder Schäden zugefügt werden,
muss über die für eine angemessene Ernährung, Pflege und verhaltensgerechte Unterbringung des Tieres erforderlichen Kenntnisse und Fähigkeiten verfügen."

Der beißt nicht

„Wir müssen draußen bleiben" steht unter einem possierlichen Hundebild, gemein, aber manche wollen in ihrem Laden keine Vierbeiner. Das kann auch aus hygienischen Gründen vorgegeben sein. Andere haben ein Hausrecht und können solche Regelungen vorgeben, dann steht quasi Hausrecht gegen Haustierrecht.

Wenn du einfach nur mit einem Hund durch die Straßen läufst, ist oft nicht ganz klar, ob Leinenpflicht besteht. Das ist tatsächlich unterschiedlich geregelt. Oft gilt, dass in Fußgängerzonen, Grünanlagen usw. eine Leine Pflicht ist (übrigens mit bestimmter Länge). Der Besuch einer Hundeschule kann eine gute Idee sein, um rechtlichen Konflikten aus dem Weg zu gehen, denn was Hunde betrifft, prallen ganz verschiedene Interessen aufeinander. Manche haben Angst vor Hunden, bei anderen steht im Vordergrund, dass es dem Tier gut geht. Beides unter einen Hut zu bringen, erfordert gegenseitigen Respekt. Der Rechtsstaat kann das nicht im Detail vorgeben.

Was Tierbesitz betrifft, ist die Haftung strikter. Vereinfacht haften die Besitzer immer, wenn das Tier jemanden schädigt. Das nennt sich *Gefährdungshaftung*, das Tier wird also als Gefahr gesehen. Es klingt streng, ist aber wichtig für den Schutz der Allgemeinheit und ein guter Grund, von sog. Kampfhunden die Finger zu lassen. Das ist kein Raum für jugendlichen Leichtsinn und Selbstüberschätzung in Tiertelepathie.

„Wird durch ein Tier ein Mensch getötet oder der Körper oder die Gesundheit eines Menschen verletzt oder eine Sache beschädigt, so ist derjenige, welcher das Tier hält, verpflichtet, dem Verletzten den daraus entstehenden Schaden zu ersetzen. Die Ersatzpflicht tritt nicht ein, wenn der Schaden durch ein Haustier verursacht wird, das dem Beruf, der Erwerbstätigkeit oder dem Unterhalt des Tierhalters zu dienen bestimmt ist, und entweder der Tierhalter bei der Beaufsichtigung des Tieres die im Verkehr erforderliche Sorgfalt beobachtet oder der Schaden auch bei Anwendung dieser Sorgfalt entstanden sein würde."

Merke: Ein Tier zu haben, bedeutet rechtliche Verantwortung, gegenüber dem Lebewesen und gegenüber den Mitmenschen.

15 Deine Umwelt schützen

Nun zu einem sensiblen Thema, das besonders für deine Generation als Lebensperspektive wichtig ist. Wir haben nur eine Welt und auf die sind wir angewiesen.

Ab in die Tonne

Es gibt mehr und mehr Vorgaben zum Schutz der Natur. Müllentsorgung ist dabei wichtig und muss auch von Jugendlichen in Partylaune beachtet werden. Das ist aber nicht der einzige wichtige Aspekt beim Umweltschutz. Der findet sich nämlich zerstreut über zahlreiche unserer Rechtsvorgaben, also u.a. im

- Bundesnaturschutzgesetz
- Bundesimmissionsschutzgesetz
- Wasserhaushaltsgesetz
- Kreislaufwirtschaftsgesetz
- Abfallgesetz
- Bundesbodenschutzgesetz.

Außerdem wurden Vorgaben im Gesetz über die Umweltverträglichkeitsprüfung aufgenommen. Dazu kommen Verordnungen, etwa die

- Gefahrstoffverordnung
- Bundesimmissionsschutzverordnung
- Abwasserverordnung
- Trinkwasserverordnung.

Damit nicht genug, wurden im Europarecht die

- Umweltverträglichkeitsprüfungsrichtlinie
- Wasserrahmenrichtlinie
- Abfallrahmenrichtlinie
- Naturschutzrichtlinien

für die Mitgliedsstaaten geschaffen. Solche EU-Richtlinien müssen die EU-Staaten in nationales Recht umsetzen.

Der Umweltschutz ist aus rechtlicher Sicht also komplex, aber einen Grundinstinkt, wie unsere Umwelt geschützt werden kann, sollten wir auf jeden Fall haben.

Letzte Generation?

Junge Menschen ertragen teilweise nicht, wie rücksichtslos Ältere sich verhalten. Im Rahmen der Initiative Fridays für Future setzen sich viele Schülerinnen und Schüler für den Schutz unserer Umwelt ein. Extremer sind bzw. waren die Aktivistinnen und Aktivisten der Letzten Generation, die sich inzwischen nicht mehr so nennen. Sie haben Straßen und teils auch Flughäfen blockiert. Das ist rechtlich problematisch und so wurden oft Strafen gegen sie verhängt. Das Beispiel ist interessant, weil es die generelle rechtliche Problematik von Aktivismus betrifft. Protest ist grundsätzlich in Ordnung und wir haben nach unserer Verfassung Meinungs- und Versammlungsfreiheit. Wenn er aber allzu aggressive Formen annimmt und andere in deren Rechten einschränkt, greift der Rechtsstaat ein. Besonders problematisch und in seinem Anwendungsbereich sehr umstritten ist dabei der Straftatbestand der Bildung einer kriminellen Vereinigung.

Merke: Viele Rechtspflichten ergeben sich aus dem Bemühen, unsere Welt lebenswert zu erhalten. Bei diesem Bemühen kann Aktivismus kritisch sein, da der Rechtsstaat sich als allein zuständig betrachtet.

16 Vereinsleben

Nicht nur junge Menschen finden sich gerne in Gruppen zusammen, aber in der jugendlichen Entwicklung spielen Vereine, insbesondere für Sportaktivitäten, eine große Rolle. Sie sind wichtig für die Sozialisation und oft forcieren bereits im Kindesalter die Eltern Vereinsmitgliedschaften.

Das Rechtsgebilde „Verein"

Was ein Verein ist, steht seit dem Jahr 1900 in unserem Bürgerlichen Gesetzbuch. Wenn mehrere Menschen zusammen ein Ziel verfolgen, kann das in einem Verein geschehen. Das *Vereinsrecht* unterstützt diese Kooperation, allerdings mit einer Einschränkung: der Vereinszweck darf nicht rechtlich unzulässig sein. In diesem Fall kann ein Verein verboten werden – übrigens auch eine politische Partei, rechtlich ist das ähnlich geregelt. Die Idee bei jedem Verein ist es also, Gleichgesinnte zusammenzuführen, die sich gemeinsam – solidarisch – einbringen. In der Praxis gibt es Vereine mit ganz unterschiedlicher Zielsetzung.

Rechtsstreit kann entstehen, wenn Vereinsmitglieder etwas tun, das die anderen Vereinsmitglieder nicht wollen. Was sind nun deine Rechte im Verein? Du bist als Mitglied berechtigt, dich dafür einzusetzen, dass der Zweck des Vereins – z.B. die für manche Menschen wichtige und für andere eher entbehrliche Kunst der Taubenzucht – erreicht wird, grundsätzlich auch durch Stimmabgabe bei Abstimmungen darüber, wie es im Verein zugehen soll. Außerdem kannst du für den Vorstand kandidieren. Die Satzung eines Vereins gibt vor, wie sich Mitglieder zu verhalten haben. Das kann z.B. eine Kleiderordnung oder eine Mitwirkungspflicht betreffen.

Falls es dabei Streitigkeiten gibt, kann das zum Ausschluss führen, also zum Entzug der Mitgliedschaft. Im Vereinsrecht ist gesetzlich bestimmt, dass Verstöße gegen die Satzung und die Schädigung des Vereins diese Rechtsfolge haben können, etwa, wenn dort etwas gestohlen wird. Gegen einen Ausschluss kann man sich rechtlich wehren und sollte vorher auch angehört werden. Natürlich ist eine diskriminierende Behandlung, etwa wegen des Alters, grundsätzlich rechtswidrig.

Selbstverständlich kannst du aus einem Verein auch wieder austreten. Beispielhaft sei dazu eine Gesetzesvorschrift erwähnt, die verdeutlicht, dass im Vereinsrecht einiges zwingend vorgegeben ist:

„Durch die Satzung kann bestimmt werden, dass der Austritt nur am Schluss eines Geschäftsjahrs oder erst nach dem Ablauf einer Kündigungsfrist zulässig ist; die Kündigungsfrist kann höchstens zwei Jahre betragen."

Es lebe der Sport

Oft geht man in einen Verein, um Sport zu treiben. Dort besteht eine Aufsichtspflicht und darum ist verständlich, wenn im Training auf deine Sicherheit geachtet wird und du deshalb z.B. Uhr und Schmuck ablegen musst.

Im Profibereich können Vereine Spieler auch „verkaufen", was rechtlich nicht richtig formuliert ist, denn Menschen können nicht verkauft werden. Bei so einem Spielertransfer kann auch nicht wie bei anderen Verkäufen reklamiert, repariert oder zurückgegeben werden. Darin besteht das Risiko für die Beteiligten. Faktisch stimmt ein Verein vielmehr einem Wechsel zu und das entsprechende Mitglied ist nicht mehr an ihn gebunden.

Merke: Es gibt klare Gesetze, wer in Vereinen entscheiden darf – das ist der Vorstand. Aber auch die Rechte von Mitgliedern sind geregelt.

17 In die Politik gehen

„Die da oben machen doch eh, was sie wollen“ ist ein oft gehörter Satz. Doch du könntest dazu beitragen, dass es mehr Menschen gibt, die aus Überzeugung Politik machen. Der Weg zur Teilhabe am politischen Geschehen – über die Stimmabgabe bei Wahlen hinaus – ist in unserer demokratischen Landschaft insbesondere die Mitgliedschaft oder sonstige Unterstützung politischer Parteien. Was eine Partei ist, findest du einleitend im Parteiengesetz:

> „Die Parteien wirken an der Bildung des politischen Willens des Volkes auf allen Gebieten des öffentlichen Lebens mit, indem sie insbesondere auf die Gestaltung der öffentlichen Meinung Einfluss nehmen, die politische Bildung anregen und vertiefen, die aktive Teilnahme der Bürger am politischen Leben fördern, zur Übernahme öffentlicher Verantwortung befähigte Bürger heranbilden, sich durch Aufstellung von Bewerbern an den Wahlen in Bund, Ländern und Gemeinden beteiligen, auf die politische Entwicklung in Parlament und Regierung Einfluss nehmen, die von ihnen erarbeiteten politischen Ziele in den Prozess der staatlichen Willensbildung einführen und für eine ständige lebendige Verbindung zwischen dem Volk und den Staatsorganen sorgen.“

Demokratie für den Nachwuchs und umgekehrt

Deine Generation ist gefragt, um die künftige demokratische Gesellschaft zu stärken. Was das mit „Rechtswissen“ zu tun hat? Recht wird durch Politiker vorgegeben. Wer politische Macht hat, schafft das Recht. Sich daran zu beteiligen und zumindest einen kleinen Beitrag für eine aus deiner Sicht bessere Gesellschaft zu leisten, ist bestimmt eine motivierende Aufgabe, die allerdings gelegentlich auch frustrierend sein wird.

Damit in Deutschland die Parteien funktionieren, gibt es das *Parteienrecht*. Obwohl diese Gebilde eigentlich wie Vereine funktionieren, gibt es diverse Besonderheiten. Beispielsweise darf nicht jede Partei an jeder Wahl, also Bundestags-, Landtags-, Europa- und Kommunalwahl teilnehmen. Zunächst müssen nämlich Unterstützungsunterschriften gesammelt werden. Damit drücken tausende Wahlberechtigte ihren Wunsch aus, die entsprechende Partei auf einem Wahlzettel zu sehen. Wenn diese Hürde genommen ist, werden üblicherweise Wahlplakate verteilt, Wahlveranstaltungen durchgeführt, Wahlwerbespots ausgestrahlt und gepostet und vieles versucht, um Bürgerinnen und Bürger von der eigenen Politikrichtung zu überzeugen.

Das aktive Wahlrecht hast du übrigens meistens erst mit Volljährigkeit. Dann bekommst du eine Wahlbenachrichtigung und darfst in der Wahlkabine den Wahlzettel ankreuzen und in die Wahlurne einwerfen, oft in einer Schule. Bei der Wahl zum Europaparlament, wie übrigens in diversen Bundesländern auch bei Kommunal- und sogar bei Landtagswahlen geht das schon früher, konkret ab 16. Bei den Bundestageswahlen ist dies (leider) noch nicht so. Übrigens gibt es auch das passive Wahlrecht, also das Recht, sich selbst wählen zu lassen.

Die Partei hat immer recht?

Darf ich da überhaupt schon mitmachen? Klar, junge Menschen sind willkommen. Daraus ergeben sich aber auch Rechte und Pflichten, insbesondere kannst du dich an Abstimmungen innerhalb einer Partei beteiligen. Dabei ist nur eine Herausforderung zu bedenken: Damit nicht jeder sein eigenes Süppchen kocht, gibt es eine sogenannte Parteidisziplin. Also sollten die Mitglieder zumindest nach außen geschlossen auftreten. Wer konsequent „Da bin ich aber ganz anderer Meinung“ dazwischenruft, hat eher keine Zukunft in einer Partei und wird eventuell sogar ausgeschlossen. Das ist zwar mit der Meinungsfreiheit nicht ganz unter einen Hut zu bringen, aber es macht schon Sinn, dass das politische Profil einer Partei erkennbar ist. Eines sollte aber auch klar sein: Gegen dein Gewissen solltest du dich nicht in einer politischen Partei verrenken und alles mitmachen, was dort beschlossen wird. Dann tritt einfach wieder aus und freu dich über die gesammelten Erfahrungen. Auch das ist dein Recht: deine freie Lebensgestaltung. Es gibt schon zu viele, die nur in einer politischen Partei sind, weil sie an Macht interessiert sind. Wichtiger wäre eher, sich einzubringen, um Macht zu kontrollieren.

Keine Toleranz gegenüber Intoleranz

Sich politisch zu engagieren, ist also eine gute Sache. Allerdings sollte nicht jede politische Meinung Gehör finden. Extremisten braucht niemand. Um unsere freiheitliche demokratische Grundordnung vor ihnen zu schützen, gibt es in Deutschland den Verfassungsschutz. Der ist wachsam, wenn jemand versucht, die demokratische Grundordnung in Frage zu stellen. Auch in diesem Kontext ist der Zusammenhang zwischen Recht, Gesetz und Politik also wichtig, um die Grundsätze der Demokratie zu verstehen. Wenn eine Partei nur gewählt werden will, um die eigene Macht zu sichern und politische Konkurrenz auszuschließen, im schlimmsten Fall sogar Wahlen abzuschaffen, dann ist das ein Angriff auf die Demokratie. Die Regel muss also sein, sich wählen und wieder abwählen zu lassen. Solche eher politischen Aspekte sind ein wichtiger Teil eines breiten Rechtswissens und deshalb hier gut aufgehoben. Mit Recht hat es viel zu tun, wenn Parteien oder Vereinigungen verboten werden, denn dann ist ihre Unterstützung bei aller Meinungsfreiheit nicht mehr zu tolerieren.

Juristischer Background: In unserem *Grundgesetz* ist die Möglichkeit erwähnt, dass Parteien verfassungswidrig sind:

„Die Parteien wirken bei der politischen Willensbildung des Volkes mit. Ihre Gründung ist frei. Ihre innere Ordnung muss demokratischen Grundsätzen entsprechen. Sie müssen über die Herkunft und Verwendung ihrer Mittel sowie über ihr Vermögen öffentlich Re-

> chenschaft geben. [...] Parteien, die nach ihren Zielen oder nach dem Verhalten ihrer Anhänger darauf ausgehen, die freiheitliche demokratische Grundordnung zu beeinträchtigen oder zu beseitigen oder den Bestand der Bundesrepublik Deutschland zu gefährden, sind verfassungswidrig."

Wann eine Partei den verfassungsmäßig zulässigen Bereich nachweisbar verlässt, ist Gegenstand der gesellschaftlichen, aber durchaus auch der juristischen Diskussion, die insbesondere aufgrund der Entwicklungen im rechtsextremen Umfeld geführt werden muss. Im Kern muss die Frage stehen, wieviel Toleranz eine Demokratie der Intoleranz entgegenbringen sollte und wann ihr Selbstschutz in den Vordergrund gerückt werden muss. Auch junge Menschen müssen dabei wachsam sein.

Merke: In Deutschland ist die politische Beteiligung junger Menschen wichtig. Rechtlich ist das nicht kompliziert, nur Mut!

18 Helfen ohne Risiko

Auch Aspekte des Sozialverhaltens kann man aus rechtlicher Sicht betrachten. Es ist schön, wenn wir uns alle gegenseitig helfen, z.B. kommt es gut an, wenn Jugendliche Senioren beim Tragen von Einkaufstüten behilflich sind. Aber was gilt rechtlich, wenn die Tüte auf den Boden donnert?

Nur ein Gefallen

Mach dir nicht zu viele Sorgen um Haftungsfragen, wenn du jemandem hilfst. Der Gesetzgeber hat klar geregelt, dass nur gehaftet wird, wenn unsorgfältiger geholfen wird als in eigenen Angelegenheiten, auf Latein: „diligentia quam in suis". Wer also selbst ein Schussel ist, wird bei Gefälligkeiten auch nicht wie ein sorgfältiger Pedant betrachtet. Mehr der vielen lateinischen Begriffe, die in der Juristerei traditionell genutzt werden, bekommst du aber nicht zugemutet. Das verkompliziert das Verstehen von Recht noch zusätzlich.

Übrigens ist unterlassene Hilfeleistung sogar strafbar, aber das betrifft nur besonders gravierende Fälle, etwa, wenn du einen Unfall siehst und trotzdem den Notarzt nicht anrufst.

Soziales Jahr als Dienst an der Gemeinschaft

Vielleicht wird bald die Wehrpflicht wieder eingeführt. Dann wird junge Lebenszeit für militärische Zwecke eingesetzt. Ob das sinnvoll ist, ist umstritten, aber dass ein Soziales Jahr der Gesellschaft hilft, sollte einleuchten. Ob du ein ganzes Jahr investierst, liegt bei dir. Es gibt auch die Möglichkeit eines Ehrenamts in diversen Institutionen. Rechtlich ist der Unterschied zum Job einfach: Es gibt nicht viel Geld, aber ein gutes Gefühl.

Um anderen Menschen zu helfen, gibt es natürlich viele Möglichkeiten. Auch Stiftungen sind in diesem Zusammenhang zu erwähnen, da diese oft für einen sozialen Zweck geschaffen werden und Unterstützung brauchen. Du kannst dich auch daran orientieren, wenn sich Unternehmen als „gemeinnützig“ bezeichnen dürfen.

Merke: Das Gesetz will zum Helfen ermutigen, daher sind die Risiken gering, für einen dabei entstehenden Schaden haften zu müssen. Manchmal musst du allerdings sogar helfen und darfst nicht einfach wegsehen oder weitergehen. Dasselbe gilt natürlich auch für deine Mitmenschen, wenn du Hilfe brauchst. Das ist Solidarität.

19 Beim Geld hört die Freundschaft auf

An Streitereien um Geld können Freundschaften zerbrechen. Doch das ist vermeidbar, denn vieles ist gesetzlich klar geregelt.

Geschenkt ist geschenkt und wiederholen ist gestohlen

„Gib das wieder her" funktioniert nicht, wenn du etwas verschenkt oder etwas geschenkt bekommen hast. Allerdings möchten die Gesetzgeberinnen und Gesetzgeber, dass du die zu verschenkende Sache, vielleicht ein Buch, bereits bekommen hast; damit es quasi manifestiert ist, dass du sie behalten darfst. Wenn nur versprochen wird, dass etwas verschenkt wird, ist das noch unverbindlich. Wieder einmal gibt es allerdings eine Ausnahme, nämlich wenn ein Notar die Schenkung protokolliert. Doch das passiert bestimmt nicht, wenn sich Jugendliche gegenseitig etwas schenken. Also: Bei einem Schenkungsversprechen gleich die Hand aufhalten, sonst verpufft es.

Grober Undank ist ein juristischer Begriff, den man sich in diesem Zusammenhang merken sollte. Das bedeutet, dass eine Schenkung widerrufen werden kann, wenn sich der Beschenkte unfair verhält. Was das im Einzelfall bedeutet, muss jeweils ein Gericht entscheiden. Ein Beispiel ist eine Schenkung von einem Freund, der dann verärgert ist, weil ihm vom Beschenkten die „Freundin ausgespannt" wird, der beschenkte Freund also nicht respektiert, dass der Schenker eine Beziehung hat. Bei einer Schenkung sollte also berücksichtigt werden, welches zwischenmenschliche Vertrauen damit oft einhergeht. Interessant ist, wie im Gesetz damit umgegangen wird, wenn es auf dieser sozialen Ebene zu Meinungsverschiedenheiten kommt: Das Geschenk muss wieder herausgerückt werden.

Das war nur geliehen

Juristisch gibt es den Vertragstyp „Leihe“. Dabei darf man etwas nutzen, aber nur solange, wie es „ausgeliehen“ wird – die Dauer kann vorab festgelegt werden. Dann muss man es zurückgeben. Das gilt auch im Zusammenhang mit Geld, wenn man natürlich auch nicht exakt dieselben Geldstücke und -scheine zurückgeben muss, sondern nur den geliehenen Betrag. Rechtlich heißt das *Darlehen*. Auch dazu hat sich der Gesetzgeber klar ausgedrückt:

„Durch den Leihvertrag wird der Verleiher einer Sache verpflichtet, dem Entleiher den Gebrauch der Sache unentgeltlich zu gestatten.“

Merke: In deinem Freundeskreis können Rechtskonflikte auftreten, wenn ihr nicht genau wisst, was Schenkung und Leihe sind. Informier dich darüber, bevor du Freundschaften riskierst.

20 Zahlungssicherheit erwünscht

Bis zur Volljährigkeit – teilweise auch noch danach – ist es schwerer, am Rechtsleben teilzuhaben und Verträge abzuschließen. Nehmen wir als Beispiel deinen Wunsch, eine Wohnung selbst anzumieten oder ein Auto zu kaufen, beides wichtige Schritte für die persönliche Unabhängigkeit. „Papa, kannst du mich bitte fahren?" bzw. „Erst wenn du das hier aufgeräumt hat" muss dann nicht mehr diskutiert werden. Nur der Autoverkäufer oder die Vermieterin müssen mitmachen, aber die machen sich Sorgen. Was kann dagegen getan werden?

Junge Menschen sind Chance und Risiko

Junge Menschen sind durchaus eine Zielgruppe, um Geschäfte zu machen. Sie konsumieren beispielsweise gern und sind etwa für neue Modeartikel oft eher zu begeistern als ältere Menschen. Besonders beliebt als Vertragspartner sind junge Menschen trotzdem nicht immer. Sie dürfen zwar Verträge abschließen, aber ob sie die auch erfüllen können – also insbesondere bezahlen –, ist nicht sicher. Sie haben oft einfach zu wenig Geld.

Deshalb möchten sich Vertragspartner absichern und das können sie auf gesetzlicher Grundlage tun. Es geht also um rechtliche Sicherheiten. Das kann beispielsweise ein Pfand sein. Deshalb muss auf Festen für den Getränkebecher oft ein Betrag hinterlegt werden, für den man eine Plastikmarke erhält, die gerne in der Hosentasche verloren geht. Nervig ist dann die Diskussion bei der Becherrückgabe, aber das ist eben die rechtliche Situation beim Pfandrecht.

Es gibt noch andere Sicherheiten, aber auf die wirklich komplizierte juristische Erklärung von Hypotheken sowie Grundschulden bei Immobilien, Sicherungsübereignungen und -abtretungen oder Eigentumsvorbehalten gehe ich hier nicht weiter ein. Merke dir aber bitte, dass bei Zweifeln an der Zahlungsfähigkeit junger Menschen mehrere Wege gangbar sind, damit ein Vertrag abgeschlossen werden kann. Die Bürgschaft passt oft am besten.

Den Bürgen kann man würgen

Man nennt es *Bürgschaft*, wenn jemand verspricht, anstelle anderer zu zahlen, z.B. Eltern für Tochter oder Sohn. Das ist das Mittel der Wahl, wenn du Vertragsbeziehungen eingehen möchtest und den Vertragspartner davon überzeugen musst, dass es finanziell keinen Ärger geben wird. Beispielsweise verlangen Vermieter oft, dass junge Menschen eine Bürgschaft vorlegen, weil Zweifel bestehen, ob sie sich die Miete für eine Wohnung allein schon leisten können. In rechtlicher Sicht kann man dabei unterscheiden, ob der Bürge nur zahlen muss, wenn der Mieter kein Geld hat, oder ob sich der Vermieter immer aussuchen kann, wo er sich die Miete holt. Natürlich kann er das nicht doppelt, aber er hat dann eine Sicherheit.

! **Merke:** Unsere Gesetze sehen Möglichkeiten vor, dass junge Menschen Sicherheiten von Erwachsenen bekommen, damit sie leichter Vertragspartner finden. Diese müssen sich wegen der Bezahlung dann weniger Sorgen machen.

21 Weichenstellung nach der Schule

Viele junge Menschen setzen nach der Schule ihre Ausbildung fort, teils an Hochschulen, teils in Lehrstellen. Bei beiden Wegen gibt es rechtliche Aspekte zu bedenken.

„Stud." bedeutet, sich bemühen

Im Hochschulrecht gibt es ein paar Besonderheiten. Klar, wer studiert, sollte sich bemühen, aber letztlich sind auch die Lehrkräfte in der Verantwortung, Wissen zu vermitteln. Dafür gibt es den Beruf „Hochschullehrerin/Hochschullehrer". Um das an einer Universität zu werden, muss man promovieren und sich habilitieren, d.h. einen Doktor- bzw. Professorentitel erwerben. Der Schwerpunkt ist dann die Forschung. An den (Fach-) Hochschulen, den sog. „Universities of applied sciences", genügt in der Regel eine Promotion und didaktische Erfahrung. Der Tätigkeitsschwerpunkt dort ist die Lehre.

BAföG und Co.

Der Staat hilft jungen Menschen. Das gilt auch beim Studieren. Sich damit rechtlich auszukennen, kann helfen, eine Menge Geld zu sparen. Gesetzlich ist vorgesehen, dass du einen Rechtsanspruch auf finanzielle Förderung deines Studiums hast, insbesondere bei geringem Einkommen deiner Eltern. Das ist im Bundesgesetz über individuelle Förderung der Ausbildung geregelt, mit folgendem Grundsatz:

„Auf individuelle Ausbildungsförderung besteht für eine der Neigung, Eignung und Leistung entsprechende Ausbildung ein Rechtsanspruch nach Maßgabe dieses Gesetzes, wenn dem Auszubildenden die für seinen Lebensunterhalt und seine Ausbildung erforderlichen Mittel anderweitig nicht zur Verfügung stehen."

Lehrjahre sind keine Herrenjahre

Ein Studium muss nicht sein. Vielen jungen Menschen liegt eine praxisnahe Ausbildung mehr. Was heißt das rechtlich? Zunächst ist wichtig, dass der Gesetzgeber klar vorgesehen hat, dass du auch vor der Volljährigkeit im Rahmen einer Ausbildung arbeiten darfst. Damit auch vor Eintritt der Volljährigkeit diese Ausbildung effektiv abläuft, dürfen Heranwachsende dabei grundsätzlich auch Geschäfte eingehen, ohne die Eltern jedes Mal um Erlaubnis bitten zu müssen. So drückt das unser Gesetzgeber aus:

„Ermächtigt der gesetzliche Vertreter den Minderjährigen, in Dienst oder in Arbeit zu treten, so ist der Minderjährige für solche Rechtsgeschäfte unbeschränkt geschäftsfähig, welche die Eingehung oder Aufhebung eines Dienst- oder Arbeitsverhältnisses der gestatteten Art oder die Erfüllung der sich aus einem solchen Verhältnis ergebenden Verpflichtungen betreffen. Ausgenommen sind Verträge, zu denen der Vertreter der Genehmigung des Familiengerichts bedarf."

Übrigens sieht sich der Staat auch noch in der Pflicht zur Förderung von Weiterbildung, wenn bereits gearbeitet wird. Das regelt das sog. Weiterbildungsgesetz:

Merke: Die Ausbildung junger Menschen nach der Schule ist wichtig für unsere Wirtschaft und Gesellschaft. Es ist dabei Aufgabe unseres Staates, auch nach dem Schulabschluss Bildung zu ermöglichen.

22 Jobben, endlich Geld verdienen

Als junger Mensch bist du vielleicht noch mit der Schule ausgelastet, vielleicht aber auch schon in der Lehre. Auch bei Schülerjobs gibt es schon einiges zu beachten.

Alles eine Frage der Einstellung

Es beginnt mit dem Schreiben der Bewerbung. Dann kommen oft Absagen – kein Beinbruch, weiter bewerben. Jetzt folgt das Bewerbungsgespräch und es wird „rechtlich". Die Personalabteilungen stellen Einstellungsfragen; verständlich, wer künftig Gehalt bekommt, muss durchleuchtet werden, zumindest ein bisschen. Das *Arbeitsrecht* steckt aber bereits in dieser Lebenssituation den rechtlichen Rahmen ab.

Fragen darf man gern, aber eine ehrliche Antwort erwarten sollte der Arbeitgeber nicht immer. Beispielsweise ist es nicht zulässig, eine Bewerberin nach einer etwaigen Schwangerschaft zu fragen. Wenn sie nämlich angibt, schwanger zu sein, werden bald die Vorgaben nach dem Mutterschutzgesetz greifen: Sie kann Freistellung mit Gehalt verlangen, vor und nach der Entbindung. Da nun diese Frage nicht zulässig ist, gibt es auch keine Sanktionen, wenn sie falsch beantwortet wird. Falls die Bewerberin sich nämlich einfach weigert, eine Antwort zu geben, macht sich die Personalabteilung bestimmt einen Reim darauf. Ebenso sind Fragen nach Religion usw. oft unzulässig.

Bestehen aber berechtigte Interessen des möglichen Arbeitgebers, etwa die Verhinderung von Personaldiebstählen durch Kassenmitarbeiter, kann beispielsweise nach Vorstrafen gefragt werden, und diese Frage muss zutreffend beantwortet werden. Wenn gelogen wird, kann das Arbeitsverhältnis wegen arglistiger Täuschung angefochten, also aufgehoben werden.

Das gilt bei Einstellungsfragen, wie auch bei sonstigen Vertragsabschlüssen, denn unsere Rechtsordnung möchte nicht, dass getrickst wird. Durch den Anfechtungsgrund ist es dann nämlich möglich, den Vertrag aufzuheben. Das ist so formuliert:

„Wer zur Abgabe einer Willenserklärung durch arglistige Täuschung oder widerrechtlich durch Drohung bestimmt worden ist, kann die Erklärung anfechten."

Arbeitsverhältnis per Handschlag

Ist die Hürde des Einstellungsgesprächs genommen und Einigkeit hergestellt, hast du einen Arbeitsvertrag und damit eine Einkommensquelle. Wichtig ist, dass es keines schriftlichen Arbeitsvertrags bedarf. Kellnern in einem Restaurant ist also auch dann verbindlich, wenn der Inhaber dich mündlich eingestellt hat. Allerdings gibt es das Nachweisgesetz. Danach kannst du verlangen, dass dir dein Arbeitsverhältnis schriftlich bestätigt wird. Das kann bei weiteren Bewerbungen helfen.

Aus rechtlicher Sicht gilt nun Folgendes: Du hast eine Arbeitspflicht und bist weisungsgebunden. Dafür erhältst du Gehalt. Viele Gesetze begleiten das. Sie regeln Urlaub, Fortbildung, Schutz am Arbeitsplatz und vieles mehr. Wichtig ist auch das *Allgemeine Gleichbehandlungsgesetz.* Es besagt, dass du insbesondere nicht wegen Alter, Geschlecht oder Herkunft diskriminiert, also schlechter als Kolleginnen und Kollegen behandelt werden darfst, jedenfalls nicht, wenn kein sachlicher Grund dafür vorliegt. Andernfalls kannst du notfalls Schadensersatz verlangen.

Mach dir übrigens wegen deiner Haftungsrisiken nicht zu viele Sorgen. Da gibt es eine besondere Rechtsprechung, wonach du nur für Schäden haftest, die vorsätzlich oder fahrlässig verursacht wurden. Wenn du nur leicht fahrlässig handelst, haftest du nicht, und bei mittlerer Fahrlässigkeit nur anteilig. Was das genau bedeutet, muss jeweils im Einzelfall geprüft werden. Beispiel: Leicht fahrlässig ist es wohl, wenn du als Bedienung an einem stressigen Tag ein Glas fallen lässt, mittlere Fahrlässigkeit träfe schon eher bei einem überladenen Tablett zu und schwer fahrlässig dürfte es sein, wenn du versuchst, wie ein Zirkusakrobat mit dem Tablett zu jonglieren. Wenn du sauer auf den Chef bist und ihm das Tablett vor die Füße wirfst, handelt es sich um Vorsatz. Alles klar? Es kommt eben, wie immer bei Haftung, auf die Situation an.

Übrigens, Achtung bei *Scheinselbstständigkeit!* In Deutschland gilt prinzipiell: Wer angestellt arbeitet, zahlt in die Sozial- und Rentensysteme ein und kann später Sozial- und Rentenleistungen bekommen. Das funktioniert aber nur, wenn alle einzahlen, die „in Lohn und Brot" sind. Weil dadurch natürlich der Verdienst geschmälert wird, versuchen manche, ein Arbeitsverhältnis als Selbstständigkeit zu kaschieren. Das ist verboten. In diesem Fall gibt jemand vor, dass er beim Gestalten der Arbeit in zeitlicher und inhaltlicher Hinsicht frei, also quasi sein eigener Chef ist. Sofern aber faktisch jemand anders vorgibt, was zu tun ist, also Weisungen erteilt – etwa bei Schichten für das Kellnern in der Kneipe – ist das keine Selbstständigkeit. Es handelt sich dann real um ein Arbeitsverhältnis.

Nicht zu vergessen: Junge Menschen werden in diversen Bereichen rechtlich bei der Arbeit geschützt. Verboten ist natürlich sog. Kinderarbeit, aber auch bei der Arbeitszeit und sonstigen Belastungen muss auf sie mehr Rücksicht genommen werden.

Gefeuert, echt jetzt?

Kündigung kann passieren, sie kann aber auch unwirksam sein. Kopf hoch und ruhig überlegen, ob sie rechtlich überhaupt in Ordnung ist. Beim Arbeiten ist es anders als beim Einkaufen. Es ist ein Rechtsverhältnis über einen längeren Zeitraum. *Dauerschuldverhältnis* nennt sich das. Also muss man „kündigen", um es zu beenden. Die Möglichkeit der Kündigung können beide Seiten nutzen. Dabei ist zu unterscheiden, ob *ordentlich*, also fristgemäß gekündigt wird oder *außerordentlich*, also fristlos. Ein

Arbeitsverhältnis durch Kündigung zu beenden geht immer, wenn die vereinbarte Kündigungsfrist eingehalten wird. Dabei musst du klarmachen, dass du den Job ab dem Fristende nicht mehr machen willst. Die Kündigung muss schriftlich – also nicht nur per E-Mail – erfolgen und du solltest nachweisen können, dass der Arbeitsgeber sie erhalten hat, am besten, indem du sie vor Zeuginnen oder Zeugen aushändigst.

„Die Beendigung von Arbeitsverhältnissen durch Kündigung oder Auflösungsvertrag bedürfen zu ihrer Wirksamkeit der Schriftform; die elektronische Form ist ausgeschlossen."

Du solltest auch wissen, dass meistens Kündigungsfristen einzuhalten sind. Mit Abgabe der Kündigung ist das Arbeitsverhältnis dann noch nicht gleich beendet. Trotzdem gibt es ausnahmsweise die Möglichkeit fristloser Kündigung. Werfen wird dazu einen Blick ins Gesetz:

„Das Dienstverhältnis kann von jedem Vertragsteil aus wichtigem Grund ohne Einhaltung einer Kündigungsfrist gekündigt werden, wenn Tatsachen vorliegen, auf Grund derer dem Kündigenden unter Berücksichtigung aller Umstände des Einzelfalles und unter Abwägung der Interessen beider Vertragsteile die Fortsetzung des Dienstverhältnisses bis zum Ablauf der Kündigungsfrist oder bis zu der vereinbarten Beendigung des Dienstverhältnisses nicht zugemutet werden kann."

Zeugnissprache für Insider

Wer arbeitet, hat das Recht, ein Zeugnis zu bekommen. Steht da drin „... hat sich stets bemüht, den Anforderung zu entsprechen", freue dich nicht zu früh. Denn dann könnte dort auch gleich die Note 6 stehen, sie ist nur blumiger formuliert. Weil es beim Erstellen und Erhalten eines Zeugnisses wichtig ist, das einschätzen zu können, solltest du dich mit arbeitsrechtlicher Zeugnissprache beschäftigen. Sonst freust du dich über die vermeintlich netten Worte und wunderst dich, wenn bei Bewerbungen trotzdem nur Absagen eintrudeln. Es wäre beispielsweise wichtig, dass die Arbeitgeberin oder der Arbeitgeber dir am Ende des Zeugnisses noch nette Grüße mit auf den Weg gibt, denn sonst werden die Personalabteilungen bei deinen Bewerbungen merken, dass sich am alten Arbeitsplatz bei deinem Ausscheiden die Tränen in Grenzen gehalten haben.

Merke: Rund um Arbeitsverhältnisse kann es viel Streit geben. Rechtzeitig bevor du in „Lohn und Brot" kommst, solltest du dich deshalb mit dem Arbeitsrecht beschäftigen.

23 Coole Geschäftsidee umsetzen

Junge Menschen sind oft kreativ und haben gute Ideen, auch was Produkte und Dienstleistungen anbelangt. Insbesondere kennen sie in ihrem Umfeld den Bedarf junger Kundschaft. Dieses Potenzial sollte nicht unterschätzt werden.

Startup in jungen Jahren

Wer nichts wagt, der nichts gewinnt. Das stimmt im Geschäftsleben oft und unternehmerisches Denken kann durchaus schon im jungen Alter beginnen. Es spricht also nichts dagegen, sich z.B. mit dem Bedrucken und Verkauf von Klamotten im jugendlichen Umfeld als „Unternehmer" zu üben. Wenn man eine Geschäftsidee umsetzt, ist oft von Startup die Rede, weil du dann noch am „Start" bist und das Unternehmen sich noch im Aufbau befindet. In jungen Jahren ein „Geschäft" aufzubauen, ist aber nicht ganz leicht. Dazu braucht es Mut und auch etwas Rechtswissen. Im Gesetz ist allerdings klargestellt, dass dies grundsätzlich auch schon bei Minderjährigen erleichtert werden kann, üblicherweise von den Eltern:

„Ermächtigt der gesetzliche Vertreter mit Genehmigung des Familiengerichts den Minderjährigen zum selbständigen Betrieb eines Erwerbsgeschäfts, so ist der Minderjährige für solche Rechtsgeschäfte unbeschränkt geschäftsfähig, welche der Geschäftsbetrieb mit sich bringt."

Business Angel kann helfen

Das nötige Kleingeld für Investitionen ist in aller Regel noch nicht angespart, doch jede gute Geschäftsidee bleibt im Kopf, wenn sie nicht durch Anschaffungen in die Tat umgesetzt wird, konkret durch Büroräume, Mitarbeitende, EDV-Ausstattung,

Werbung und nicht zuletzt Rechtsberatungskosten für den Markteintritt. Also, woher nehmen und nicht stehlen?

Um Startkapital für ein Projekt aufzutreiben, kann bei der Bank ein Darlehen aufgenommen werden und dann müssen Zinsen gezahlt werden. Allerdings wird die Bank Sicherheiten verlangen, damit ihr Geld nicht verloren geht, wenn die Idee doch nicht erfolgreich ist. Sicherheiten können etwa Autos, Häuser oder andere Besitztümer sein, die junge Menschen in der Regel aber noch nicht haben. Das ist ein echtes Problem, obwohl es zumindest die Möglichkeit von Gründerdarlehen bei manchen Geldinstituten gibt, insbesondere bei der KfW (Kreditanstalt für Wiederaufbau), die staatlicherseits Geschäftsideen fördert.

Helfen können auch Business Angels, also „Geschäftsengel“. Das sind Menschen, die ihr Geld in gute Geschäftsideen investieren – und natürlich später etwas zurückhaben wollen. Rechtlich läuft das so: Der hilfreiche Engel wird Gesellschafter eines von dir geführten kleinen Unternehmens. Dabei unterscheidet man immer diejenigen, deren Geld im Unternehmen steckt, also die Gesellschafter, und diejenigen, die das Unternehmer aktiv leiten, also das Management, juristisch Geschäftsführung oder auch Vorstand genannt. In der Praxis werden dazu Gesellschafterverträge abgeschlossen, in denen vereinbart wird, wer das Unternehmen vertritt und welche finanziellen Rechte und Pflichten bestehen.

Zur Veranschaulichung: Wenn du eine geniale Idee für ein Computerspiel hast, kannst du auf die Suche nach einem Investor gehen, der dir Geld gibt, um Software zu programmieren und das Spiel zu vermarkten. Ihr gründet dann ein Unternehmen, das diesem Investor, vereinfacht ausgedrückt, gehört. Sobald dein Computerspiel in der Gaming-Szene erfolgreich ist und andere junge Menschen für die Lizenzen zahlen, erwirtschaftest du hoffentlich irgendwann Gewinn, auch *Marge* genannt. Das ist der Geldbetrag, der übrigbleibt, wenn von dem, was Kunden zahlen – dem Umsatz –, die Kosten abgezogen werden. Damit sich die Investition in deine Geschäftsidee nun für den Investor rechnet, hält er die Hand auf. Ärgerlich, aber ohne das Startkapital hätte es nicht funktioniert. Junge Menschen sollten diese Finanzierungsmöglichkeiten kennen, damit Ideen und Innovationen erfolgreich verwirklicht werden können.

Mini-GmbH für Einsteiger

Wichtig ist dafür ein Grundverständnis von *Gesellschaftsrecht*, also der Gestaltung von und Beteiligung an Unternehmen. Dieses rechtliche Thema ist nicht ganz unkompliziert, aber auch wenn du mit Recht später nicht viel zu tun haben wirst, sondern in der Wirtschaft tätig sein möchtest, braucht du ein Grundwissen. Die beschriebene Form der finanziellen Beteiligung durch einen Gesellschafter nennt man *Eigenkapital.* Das muss in einer Bilanz aufgeführt werden, denn der Gesetzgeber verlangt Transparenz: Alle sollen sehen können, wem ein Unternehmen gehört und wer es managt.

Neben dem Beschaffen von Geld für dein Unternehmen muss auch die Gründung rechtlich einwandfrei laufen. Dazu bietet uns das Gesetz verschiedene Formen von Unternehmen an: Aktiengesellschaft (AG), Offene Handelsgesellschaft (OHG), Kommanditgesellschaft (KG), Gesellschaft mit beschränkter Haftung (GmbH) und diverse andere Gesellschaftstypen. Bei der Entscheidung für eine Form sollte berücksichtigt werden, dass geschäftliche Aktivitäten auch immer Haftung auslösen können.

Wenn z.B. dein Computerspiel von der Konkurrenz kritisiert wird, weil die meint, die Idee zuerst gehabt zu haben, kann Schadensersatz verlangt werden. Sollte das Unternehmen gerichtlich dazu verurteilt werden, ist es wahrscheinlich insolvent, also (ganz unjuristisch ausgedrückt) pleite. Wenn du eine GmbH gegründet hast, ist dann bei dir persönlich aber grundsätzlich nichts mehr zu holen. Du läufst also nicht Gefahr, dich schon in jungen Jahren durch einen Haftungsfall zu ruinieren.

Einen Nachteil hat eine GmbH allerdings: Um sie zu gründen, müssen 25.000 Euro oder zumindest entsprechende Vermögenswerte aufgetrieben werden, und die hat nicht jeder.

Auch dafür gibt es aber eine Lösung. Gesetzlich wurde nämlich etwas umgesetzt, das auch junge Menschen ermutigen und ihnen Sorgen vor persönlicher Haftung nehmen soll. Es nennt sich Unternehmergesellschaft mit beschränkter Haftung (UG) und ist eine Art Mini-GmbH. Dafür muss nicht direkt Gründungskapital aufgebracht werden, aber wenn das Unternehmen sich gut entwickelt, muss etwas als Rücklage verbleiben. Kurzum: Wenn du eine geniale Eingebung bekommen solltest und ein bisschen Zuversicht aufbringst, dann wäre dies eine rechtliche Konstruktion, die dich ruhig schlafen lässt. Überleg dir das zu gegebener Zeit in Ruhe und dann kannst du dich bei einem Notariat melden. Dort arbeiten besondere zugelassene Juristinnen und Juristen, die solche Mini-GmbHs gründen dürfen.

Merke: Der Gesetzgeber hilft jungen Menschen, Kreativität auszuleben und damit Geld zu verdienen.

24 Deine ersten eigenen vier Wände

Irgendwann kommt der Tag, an dem junge Menschen sich abnabeln und allein, mit Partner(in) oder in einer Wohngemeinschaft leben wollen. Aus rechtlicher Sicht gibt es bei der Anmietung ein paar Dinge zu beachten.

Falls ein Makler eingebunden wird, solltest du aufpassen, ob und unter welchen Bedingungen eine Maklerprovision anfällt. Generell macht es Sinn, sich die ziemlich vielen Paragraphen im *Mietrecht* anzuschauen, zum Vertragsschluss, Rechten und Pflichten sowie zur Beendigung eines Mietverhältnisses.

Bietet der Vermieter dir das Anmieten der Wohnung an, sollte die Laufzeit des Mietvertrags bedacht werden. Wichtig ist dabei allerdings, dass sich die Laufzeit meist automatisch verlängert. Es ist nämlich rechtlich nicht zulässig, ohne sog. *Befristungsgründe* – salopp formuliert – die Mietpartei vor die Tür zu setzten, denn es ist nun einmal immens wichtig, ein Dach über dem Kopf zu haben. Auch wenn die Realität teils leider anders ausschaut, kann dir das Gesetz bei Konflikten helfen. Solche Inhalte müssen dafür aber bekannt sein (und sind es meistens nicht):

„Ein Mietverhältnis kann auf bestimmte Zeit eingegangen werden, wenn der Vermieter nach Ablauf der Mietzeit

1. die Räume als Wohnung für sich, seine Familienangehörigen oder Angehörige seines Haushalts nutzen will,
2. in zulässiger Weise die Räume beseitigen oder so wesentlich verändern oder instand setzen will, dass die Maßnahmen durch eine Fortsetzung des Mietverhältnisses erheblich erschwert würden, oder
3. die Räume an einen zur Dienstleistung Verpflichteten vermieten will

> und er dem Mieter den Grund der Befristung bei Vertragsschluss schriftlich mitteilt. Anderenfalls gilt das Mietverhältnis als auf unbestimmte Zeit abgeschlossen."

Dies ist nur eine Facette des Mieterschutzes, der leider deshalb ineffektiv ist, weil sich viele beim Anmieten von Wohnraum ihrer Rechtsposition nicht bewusst sind und das von Vermietenden (natürlich) ausgenutzt wird. Es gibt einige Ausnahmen, insbesondere bei möblierten Räumen oder wenn die Vermieterin oder der Vermieter ebenfalls im Gebäude wohnt.

Merken solltest du dir in jedem Fall, dass ein Wohnraummietvertrag nicht grundlos gekündigt werden kann. Im Gesetz steht, dass der Vermieter einen wichtigen Grund nachweisen muss, insbesondere Eigenbedarf.

Untervermieten klappt nicht immer

Ein Standardproblem ist die Frage, ob du deine Wohnung beispielsweise einem Freund überlassen kannst. Das geht nicht so einfach, denn beim Untervermieten muss der Vermieter in der Regel zustimmen. Wenn das nicht passiert, kannst du den Mietvertrag kündigen. Bitte mach dir also klar, dass nur du als Mieter dort wohnen darfst. Falls deine Eltern „für dich" anmieten, solltet ihr klarstellen, dass nicht sie dort einziehen. Die Problematik zeitlicher Befristung lässt sich bei Untervermietung oft in den Griff bekommen, wenn klargestellt wird, dass die Räume perspektivisch wieder selbst genutzt werden, beispielsweise bei Untervermietung während eines Auslandssemesters mit dem Wunsch, danach wieder selbst einzuziehen. Bei jungen Menschen stehen solche spröden juristischen Hintergründe oft nicht im Fokus, vieles läuft über Vertrauen. Das ist zwischenmenschlich auch gut so. Wenn es aber Stress gibt, hilft ein Blick ins Gesetz. Es kann nur immer wiederholt werden, dass beim Geld die Freundschaft oft aufhört.

Schlechte Wohnung, Geld zurück

Hierzu vorab Juristendeutsch:

„Hat die Mietsache zur Zeit der Überlassung an den Mieter einen Mangel, der ihre Tauglichkeit zum vertragsgemäßen Gebrauch aufhebt, oder entsteht während der Mietzeit ein solcher Mangel, so ist der Mieter für die Zeit, in der die Tauglichkeit aufgehoben ist, von der Entrichtung der Miete befreit. Für die Zeit, während der die Tauglichkeit gemindert ist, hat er nur eine angemessen herabgesetzte Miete zu entrichten. Eine unerhebliche Minderung der Tauglichkeit bleibt außer Betracht."

Probleme entstehen oft, wenn eine Wohnung Mängel hat: tropfender Wasserhahn, Schimmel oder ähnliches. In diesem Fall musst du den Vermieter auffordern, den Mangel zu beheben, und kannst dann einen Teil der Miete einbehalten. Das heißt *Mietminderung*, ein Streitpunkt in vielen Mietverhältnissen. Aber Vorsicht: Wenn du meinst, dass du die Miete mindern kannst, Sachverständige das aber anders sehen, du also „zu Unrecht" nicht genug gezahlt hast, kann eine berechtigte Kündigung des Mietverhältnisses die Konsequenz sein. Mit „an den Haaren herbeigezogenen" Argumenten solltest du also keinen Streit mit dem Vermieter provozieren. Der Mieterschutzbund kann dir in Zweifelsfällen hilfreiche Hinweise geben, allerdings ist dort die Zeit für persönliche Beratung begrenzt. Diese Institution solltest du kennen, wenn du Rechtsanwaltskosten vermeiden möchtest. Hilfreich ist auch dieser Leitfaden des Bundesministeriums für Justiz und Verbraucherschutz:

Mieterhöhung und Nebenkosten als Zankapfel

Was die Höhe der Miete betrifft, darf der Vermieter sie nicht beliebig nach oben schrauben, dafür gibt es gesetzliche Vorgaben zum Mieterschutz. In Form einer vereinbarten Staffelmiete ist das allerdings in bestimmtem Umfang möglich. Bei den Nebenkosten, also Kosten für Müllabfuhr, Versicherung, Hausmeisterdienste usw., ist der Vermieter zur Abrechnung verpflichtet. Insgesamt ist das Wohnen ein lebhaft diskutiertes Rechtsthema, denn eine (bezahlbare) Bleibe zu haben, halten viele für eine ganz wesentliches Recht, das alle Menschen haben sollten. Durch Vermietungen satt zu verdienen und die Wohnraumknappheit auszunutzen, wird als unfair und gierig empfunden. Junge Menschen ärgern sich verständlicherweise oft über die Mietsituation. Andererseits gehören (Miet-)Wohnungen nun einmal nicht dem Mieter und ein zumindest angemessener Ausgleich für die Nutzung muss gezahlt werden.

Ach ja, dann ist da noch die Problematik von Hausbesetzungen, aber die kommen nicht mehr so häufig vor. Früher waren junge Menschen in Berlin, in Frankfurt am Main und anderen Großstädten über den oft spekulationsbedingten Leerstand von Gebäuden so wütend, dass sie dort einfach eingezogen sind. Das ist dann strafrechtlich relevant und führte oft zu Räumungen mit Polizeieinsätzen. Einige besetzte Häuser gibt es noch immer, das älteste besetzte Haus (seit 1983) steht übrigens in Frankfurt am Main. Für den Rechtsstaat ist es nicht immer einfach, damit umzugehen.

Merke: Im Zusammenhang mit der Anmietung von Räumlichkeiten gibt es oft Rechtsstreit und viele wichtige Gesetze, die allzu oft unbekannt sind. Die meisten schützen dich als Mieterin oder Mieter. Du hast aber auch Pflichten, denn du bewohnst letztlich fremdes Eigentum.

25 Die beste Krankheit ist nichts wert

Ein weiteres rechtliches Spektrum tut sich auf, wenn es um Gesundheit geht. Das könnte eines der drängendsten Themen unserer Gesellschaft werden, denn immense Missstände zeichnen sich ab. Dort wird Rechtskompetenz zunehmend wichtig.

Kassenpatienten müssen warten

Lass uns noch einen Blick auf Versicherungen werfen. Die sind in Bezug auf Haftung wichtig, ganz besonders aber im Zusammenhang mit dem Gesundheitssystem (Krankenversicherung). Bei Arbeitnehmern werden die Zahlungen an die Krankenversicherung, also die Kassenbeiträge, zwischen Arbeitgeber und Arbeitnehmer geteilt. Junge Menschen sind oft über ihre Eltern mitversichert, müssen also bis zum 25. Lebensjahr noch nicht selbst Beiträge leisten. Es gibt aber auch die rechtliche Möglichkeit, aus der gesetzlichen Krankenkasse aus- und bei einer privaten Krankenversicherung einzutreten. Wenn dann Behandlungskosten entstehen, werden die Rechnungen bei dem Versicherungsunternehmen eingereicht und in aller Regel erstattet. In vielen Arztpraxen werden Privatversicherte bevorzugt behandelt, denn deren Versicherungen zahlen mehr, beispielsweise bei Zahnersatz. Damit drängt sich für junge Menschen die Frage auf, ob und wann sie anstelle der gesetzlichen Versicherung die Angebote der privaten Versicherungswirtschaft nutzen sollten. Obwohl deren Beiträge bei jungen und deshalb oft gesunden Menschen oft niedriger sind als bei gesetzlichen und das Behandlungsniveau höher ist, gilt es zu beachten, dass die Versicherungsbeiträge steigen. Für gesetzliche Versicherung spricht, dass sie in unserer Solidargemeinschaft den gesellschaftlichen Zusammenhalt fördern kann.

„Halbgötter in Weiß" machen auch Fehler

Von der Haftung, also der Pflicht zum Schadensausgleich, sind natürlich auch behandelnde Mediziner nicht ausgeschlossen. Die wollen bestimmt helfen, aber wenn sie dabei Fehler machen, müssen sie dafür einstehen. Die Rechtsprechung hilft in diesem Fall, um aufzudecken, was schiefgegangen ist. Geht es dir also nach einer Behandlung nicht besser, sondern sogar schlechter, kannst du grundsätzlich verlangen, dass Ärzte nachweisen, wie sie behandelt haben. Dazu müssen eventuell Behandlungsprotokolle usw. vorgelegt werden, damit andere Fachleute einschätzen können, ob und gegebenenfalls was falsch gemacht wurde. Für Ärztinnen und Ärzte ist das natürlich unschön, aber es geht zum Schutz der Patientinnen und Patienten nicht anders; außerdem müssen sie versichert sein, damit sie durch einen Behandlungsfehler nicht finanziell ruiniert werden. Das würde dann nämlich auch deren Familien belasten.

Sorge um die Eltern

Nachdem du nun etwas über deine Rechte bei Arztbehandlungen gelesen hast, kommen wir zu etwas Unvermeidbarem im Leben, dem Altern. Damit geht oft einher, dass Eltern und Ver-

traute Pflege oder sonstige Unterstützung benötigen. In diesem Zusammenhang merke dir bitte den Begriff *Patientenverfügung*. Das ist eine rechtliche Erklärung, in der insbesondere Angehörige ermächtigt werden, Entscheidungen zu treffen. Es wäre hilfreich, wenn du mit deinen Eltern oder sonstigen Bezugspersonen in Ruhe besprichst, was rechtlich geregelt werden kann, um für die Zukunft vorzusorgen und eure gegenseitige Hilfe abzusichern. Tipps dazu findest du hier:

Merke: Rund um Krankheiten gibt es, also wäre das an sich noch nicht belastend genug, leider oft Rechtsstreit, mit Ärzten, Pflegeheimen oder Versicherungen. Auch wenn es kein schönes Thema ist, sollte man sich grundlegendes Rechtswissen aneignen, um später mit belastenden Situationen nicht überfordert zu sein.

26 Haftung, ein Risiko des Zusammenlebens

Der rechtliche Risikobereich Haftung verschont auch junge Menschen nicht. Hier ist es wirklich hilfreich, die Grundlagen zu verstehen, damit man weder Panik bekommt, wenn jemand unberechtigt Haftung verlangt, noch eigene Rechte ungenutzt lässt, wenn man durch andere geschädigt wird.

Das läuft doch eh über die Versicherung?

Natürlich können junge Menschen sog. *Haftpflichtversicherungen* abschließen, damit sie nicht selbst zahlen müssen, wenn jemand durch sie geschädigt wird. Es gibt sogar Bereiche, in denen das „Eindecken" von solchem Versicherungsschutz gesetzlich vorgegeben ist als *Pflichtversicherung*, insbesondere bei Kraftfahrzeugen, damit immer genug Geld da ist, wenn für einen verschuldeten Verkehrsunfall Schadensersatz gezahlt werden muss. Ob ein solcher Versicherungsschutz für dich besteht, solltest du klären. Für viele Schäden, die du – z.B. mit dem Fahrrad – anrichten kannst, ist eine Versicherung aber freiwillig, du musst also überlegen, ob sie sinnvoll ist. Zu berücksichtigen ist dabei, dass bei Versicherungen oft eine *Selbstbeteiligung* vereinbart wird, ein Teil des Schadens in diesem Fall also selbst zu bezahlen ist. Außerdem hat Versicherungsschutz oft eine Begrenzung nach oben, die sog. *Versicherungssumme*. Wenn der Schaden höher ist, zahlt die Versicherung nicht voll. Jedenfalls ist es wichtig, Haftungsrisiken selbst einschätzen zu können, da Versicherungsschutz oft nicht umfassend ist.

Eltern haften für ihre Kinder?

Bei Haftung geht es um den Ausgleich von Schäden, die dir zugefügt werden oder die du anderen zufügst. Wenn du geschädigt bist, hast du Rechte. Falls du schädigst, kann es sein, dass der

Gesetzgeber dich wegen deines Alters schützt. Kinder haften grundsätzlich nicht selbst, aber es kann sein, dass ihre Eltern haften, wenn sie nicht auf die Kinder aufgepasst haben. Wenn du kein Kind mehr bist, muss dir klar sein, dass es Haftungsfolgen haben kann, wenn durch dich andere zu Schaden kommen. Für Jugendliche, die angetrunken Unfälle verursachen, kann es beispielsweise teuer werden. Auch als junger Mensch hast du also Haftungsrisiken – und nicht allein die Eltern.

Das Gesetz berücksichtigt jedoch, dass junge Menschen, zumindest bis zur Volljährigkeit, gelegentlich unbedachter schädigen. Dazu ist vorgegeben:

> „Wer nicht das siebente Lebensjahr vollendet hat, ist für einen Schaden, den er einem anderen zufügt, nicht verantwortlich.
>
> Wer das siebente, aber nicht das zehnte Lebensjahr vollendet hat, ist für den Schaden, den er bei einem Unfall mit einem Kraftfahrzeug, einer Schienenbahn oder einer Schwebebahn einem anderen zufügt, nicht verantwortlich. Dies gilt nicht, wenn er die Verletzung vorsätzlich herbeigeführt hat.
>
> Wer das 18. Lebensjahr noch nicht vollendet hat, ist, sofern seine Verantwortlichkeit nicht nach Absatz 1 oder 2 ausgeschlossen ist, für den Schaden, den er einem anderen zufügt, nicht verantwortlich, wenn er bei der Begehung der schädigenden Handlung nicht die zur Erkenntnis der Verantwortlichkeit erforderliche Einsicht hat."

Fazit: Ein bisschen weniger Verantwortung haben Jugendliche bei Haftung, aber es kommt auf die konkrete Situation an. Ein „Freibrief" für rücksichtsloses Verhalten ist das jedenfalls nicht.

Die sind schuld

Entscheidend ist in jedem Fall, ob und wie sehr Jugendliche „schuld" sind. Doch was ist mit dem Satz „Daran bist du schuld" eigentlich gemeint? Wir müssen hier unterscheiden: Schuld –

als Verschulden – kann vorliegen, wenn jemand bewusst und gewollt Schaden anrichtet, Graffiti an der Häuserwand beispielsweise. Verschulden ist es aber auch, wenn „schusselig“ gehandelt wird, oder – im Juristendeutsch – durch „Außerachtlassen der im Verkehr erforderlichen Sorgfalt“. Das bedeutet im Klartext, dass nicht ordentlich aufgepasst wird. Also muss grundsätzlich auch Schaden ausgeglichen werden, den man fahrlässig verursacht hat. Wesentlich für Jugendliche ist aber: Der Gesetzgeber verlangt hier ein grobes Verschulden. Junge Menschen haften oft nur eingeschränkt.

Natürlich ist es nicht nur möglich, dass du andere schädigst, sondern auch, dass andere dich schädigen. Dann gilt das auch: Du musst nachweisen, dass jemand schuldhaft einen Schaden bei dir verursacht hat, beispielsweise, dass du beim Treppensturz im Fitnessstudio dein Bein nur wegen der Bananenschale gebrochen hast, die dort schon tagelang nicht weggeräumt wurde. Das ist natürlich ein „Klassiker“, der nicht oft passiert, aber er macht die Rechtslage vorstellbar. Du kannst in diesem Fall nämlich argumentieren, dass es fahrlässig ist, die glitschige Fruchthülle nicht wegzuräumen.

Falls dann die Inhaberin oder der Inhaber des Studios die Verantwortung auf die „unzuverlässige Reinigungskraft“ abwälzen will, sag ihm, dass das nicht dein Problem sei. Auf Englisch: „not my cup of tea“, auf juristisch: Das Studio haftet für seine Erfüllungsgehilfen. Dein Vertragspartner muss für Menschen den Kopf hinhalten, die er einbindet, um den Vertrag mit dir zu erfüllen. Das ist ein fundamentaler Grundsatz beim Thema Haftung. Der gilt ganz genauso, wenn du jemandem hilfst und dabei schuldhaft Schaden verursachst.

Ein kurzer Blick ins Gesetz:

„Der Schuldner hat ein Verschulden seines gesetzlichen Vertreters und der Personen, derer er sich zur Erfüllung seiner Verbindlichkeit bedient, in gleichem Umfang zu vertreten wie eigenes Verschulden.“

Eine ganz wichtige Vorschrift sei noch erwähnt, denn durch sie wird klar, dass niemand seine Mitmenschen schädigen sollte:

„Wer vorsätzlich oder fahrlässig das Leben, den Körper, die Gesundheit, die Freiheit, das Eigentum oder ein sonstiges Recht eines anderen widerrechtlich verletzt, ist dem anderen zum Ersatz des daraus entstehenden Schadens verpflichtet.

Die gleiche Verpflichtung trifft denjenigen, welcher gegen ein den Schutz eines anderen bezweckendes Gesetz verstößt. Ist nach dem Inhalt des Gesetzes ein Verstoß gegen dieses auch ohne Verschulden möglich, so tritt die Ersatzpflicht nur im Falle des Verschuldens ein."

Das Haftungsrecht ist insgesamt ziemlich komplex und beschäftigt täglich viele Gerichte. Einen ersten Einblick zu haben, kann helfen, um nicht in solche Konflikte verwickelt zu werden.

Überall „Kleingedrucktes"

Und noch ein rechtliches Thema im Alltag: Allgemeine Geschäftsbedingungen, kurz: AGB. Die sind im Gesetz so definiert:

„Allgemeine Geschäftsbedingungen sind alle für eine Vielzahl von Verträgen vorformulierten Vertragsbedingungen, die eine Vertragspartei (Verwender) der anderen Vertragspartei bei Abschluss eines Vertrags stellt. Gleichgültig ist, ob die Bestimmungen einen äußerlich gesonderten Bestandteil des Vertrags bilden oder in die Vertragsurkunde selbst aufgenommen werden, welchen Umfang sie haben, in welcher Schriftart sie verfasst sind und welche Form der Vertrag hat. Allgemeine Geschäftsbedingungen liegen nicht vor, soweit die Vertragsbedingungen zwischen den Vertragsparteien im Einzelnen ausgehandelt sind."

Auch der Weg, solche Klauseln in die Vertragsbeziehungen aufzunehmen, ist dort erklärt:

> „Allgemeine Geschäftsbedingungen werden nur dann Bestandteil eines Vertrags, wenn der Verwender bei Vertragsschluss
>
> 1. die andere Vertragspartei ausdrücklich oder, wenn ein ausdrücklicher Hinweis wegen der Art des Vertragsschlusses nur unter unverhältnismäßigen Schwierigkeiten möglich ist, durch deutlich sichtbaren Aushang am Orte des Vertragsschlusses auf sie hinweist und
>
> 2. der anderen Vertragspartei die Möglichkeit verschafft, in zumutbarer Weise, die auch eine für den Verwender erkennbare körperliche Behinderung der anderen Vertragspartei angemessen berücksichtigt, von ihrem Inhalt Kenntnis zu nehmen,
>
> und wenn die andere Vertragspartei mit ihrer Geltung einverstanden ist."

Auch dabei geht es oft um Haftung. Dieses Kleingedruckte ist also nur gültig, wenn es rechtzeitig einbezogen, verständlich, nicht überraschend und „fair" ist. Gesetzgeberinnen und -geber wissen nämlich, dass wir uns AGB oft gar nicht oder nicht genau durchlesen. Darum besteht die Gefahr, dass unwirksame Regelungen hineingeschrieben werden und man sich nicht direkt dagegen wehrt. Zugrunde liegt oft der Versuch von Unternehmen, Haftung einzugrenzen und insgesamt die Rechtslage gegenüber dem Gesetz zu verbessern.

AGB müssen also deutlich sichtbar aushängen oder abgedruckt sein. Schau mal auf die Rückseite von Vertragsformularen, da stehen sie oft. Außerdem müssen sie natürlich klar sein, bevor ein Vertrag abgeschlossen wird. Wenn du also beispielsweise schon länger Mitglied im Fitnessstudio bist, kann der Betreiber dir nicht im Nachhinein durch das Kleingedruckte zusätzliche Vorgaben machen.

Doch selbst wenn ordentlich und rechtzeitig auf die Klauseln hingewiesen wurde, heißt das noch lange nicht, dass sie „gelten“, also rechtlich wirksam sind. Wenn deren Inhalt unklar ist, kannst du dich wehren, aber auch, wenn sie nicht zu erwarten sind. Außerdem dürfen die ABG nicht „gegen Treu und Glauben“ verstoßen, eine rustikale Gesetzesformulierung, die mit „Fairness“ zu tun hat. Was das genau bedeutet, ist immer eine Frage des Einzelfalls. Ein Transportunternehmen kann beispielsweise durch AGB nicht einfach vorgeben, dass Sendungen beim Nachbarn abgestellt werden dürfen und nie gehaftet wird, wenn sie dort verloren gehen. Für solche Themen gibt es Unmengen von Gerichtsentscheidungen. Entscheidend ist, dass du nicht alles einfach hinnimmst, was jemand in seine AGB schreibt. Oft ist es unwirksam, also rechtlich nicht durchsetzbar, sogar, wenn es ganz deutlich niedergeschrieben ist.

Merke: Kleingedrucktes begegnet uns häufig, ist oft jedoch rechtlich nicht wirksam. Wehr dich dagegen und nimm nicht alles als gegeben hin, was dort steht.

27 Strafe muss sein?

Wie Verträge zustande kommen, was bei Vertragsbruch passiert, wie gehaftet wird, das ist alles interessant, aber besonders prekär werden Rechtsangelegenheiten, wenn junge Menschen strafrechtliche Probleme bekommen. Die Gesellschaft muss damit umgehen; sie kann natürlich nicht jeden Rechtsbruch hinnehmen, denn andere leiden darunter. Bei jungen Menschen ist die Frage der Strafwürdigkeit besonders sensibel, da die charakterliche und soziale Entwicklung oft noch nicht abgeschlossen ist. Einer unsere ehemaligen Bundespräsidenten hat dazu zu bedenken gegeben:

> „Wenn Jugendliche zu Brandstiftern und Mördern werden, dann liegt die Schuld nicht allein bei ihnen, sondern bei uns allen, die Einfluss auf Erziehung haben – bei den Familien und Schulen, den Vereinen und Gemeinden, bei uns Politikern."
> (Richard von Weizsäcker, Bundespräsident von 1984 bis 1984)[5]

Darüber kann man zumindest einmal nachdenken. Tatsache ist, dass in unserem Rechtsstaat für junge Straftäter viele Besonderheiten gelten, denn es geht darum, ein Abgleiten „auf die schiefe Bahn" zu verhindern. Kern ist dabei das *Jugendgerichtsgesetz:*

> „Dieses Gesetz gilt, wenn ein Jugendlicher oder ein Heranwachsender eine Verfehlung begeht, die nach den allgemeinen Vorschriften mit Strafe bedroht ist.
> Jugendlicher ist, wer zur Zeit der Tat vierzehn, aber noch nicht achtzehn, Heranwachsender, wer zur Zeit der Tat achtzehn, aber noch nicht einundzwanzig Jahre alt ist."

Die erste Erkenntnis im Zusammenhang mit Strafrecht ist also die Bedeutung des Alters bei Ausübung der Tat, wie wir es schon bei verschiedenen rechtlichen Vorgaben gesehen haben.

Hier können nun nicht alle möglichen sog. Straftatbestände aufgelistet werden, vielmehr geht es um einen Überblick darüber, was bei jungen Menschen typischerweise in strafrechtlicher Hinsicht passieren kann.

Vorab: Es gibt *Verbrechen* und *Vergehen*, das hat der Gesetzgeber im Strafgesetzbuch beschrieben. Darum sind nicht alle, die gegen Strafgesetze verstoßen, „Verbrecher“.

„Verbrechen sind rechtswidrige Taten, die im Mindestmaß mit Freiheitsstrafe von einem Jahr oder darüber bedroht sind. Vergehen sind rechtswidrige Taten, die im Mindestmaß mit einer geringeren Freiheitsstrafe oder die mit Geldstrafe bedroht sind."

„Rechtshütende" verstehen

Kennst du die Abkürzung „ACAB“, also „All cops are bastards“? Das ist ein Slogan, der die Polizei insgesamt beschimpft. Er ist unsachlich und beleidigend. „Bastard“ ist ohnehin (auch) eine rassistische Beleidigung. Den Spruch kann man sich also getrost verkneifen.

Im Kern basiert so eine Abwehrhaltung auf Angst vor staatlicher Übergriffigkeit, schlimmstenfalls vor einem Polizeistaat. Das ist verständlich, wenn man sich die Welt anschaut und das, was in einigen Ländern schiefläuft. Unsere Gesellschaft ist aber eine freie Demokratie, in der der Schutz vor dem Staat eine hohe Bedeutung hat. Wir verdanken das unserem Grundgesetz mit den Grundrechten. Natürlich muss es deshalb auch Schutz gegen willkürliche Staatsgewalt geben, aber das pauschale Verunglimpfen von Menschen, die oft helfen, „geht gar nicht“.

Es ist sinnvoll, dass der Staat ein *Gewaltmonopol* hat, wenn er durch demokratische Wahlen legitimiert ist. Deshalb ist die Polizei bewaffnet. Dass alle ihre eigenen Vorstellungen von Recht und Ordnung gewalttätig verwirklichen könnten, ist keine beruhigende Vorstellung. Recht muss also durchaus vom Staat durchgesetzt werden, auch wenn die Idee von solidarischen Menschen, die ohne Zwang miteinander auskommen, verlockend ist. Es ist deshalb nicht in Ordnung, alle zu verteufeln, die das Recht durchsetzen.

Stress mit der Polizei

Es gibt eine ganze Menge Möglichkeiten, als Jugendliche(r) mit der Polizei in Konflikt zu geraten. Der Klassiker: Ein Nachbar beschwert sich über zu laute Musik. Allerdings sind z.B. auch beim Feuerwerk an Silvester in Hinblick auf das Mitnehmen unzulässiger Gegenstände, wie Flaschen und Waffen, Polizeikontrollen denkbar. Den Straftatbestand „grober Unfug" gibt es zwar nicht mehr, aber wegen Erregung öffentlichen Ärgernisses haben bestimmt schon einige Jugendliche Ärger mit unseren Ordnungshütern bekommen. Wenn in Grünanlagen oder auf Kinderspielplätzen Jugendliche „chillen", kann das mit Lärm und Müll einhergehen – Sozialverhalten braucht auch Übung. Sollte dann ein Polizeieinsatz stattfinden, kommt beispielsweise ein *Platzverweis* in Betracht, denn die Polizei ist grundsätzlich berechtigt, Störungen zu unterbinden. Was heißt das aber eigentlich rechtlich?

Die Gefahrenabwehrbehörden dürfen anlassbezogen Menschen kontrollieren. Wie konkret dieser Anlass sein muss, ist umstritten. Aktuell haben viele Angst vor insbesondere terroristischen Gewalttaten und meinen, Kontrollen sollten leichter möglich sein, damit bloß nichts passieren kann. Tatsächlich kann es aber nicht sein, dass Jugendliche ohne jeden Anlass durchsucht oder mit auf eine Polizeiwache genommen werden. Das kann nämlich ein Fall staatlicher Willkür sein und davor schützt uns unser Grundgesetz. Trotzdem ist es nicht unbedingt zielführend, Grundsatzdiskussionen mit der Polizei zu führen. Wenn du dich ungerecht behandelt fühlst, kannst du stattdessen Erwachsenen von dem Vorfall berichten, die dann weitere Schritte unternehmen können.

Die Polizei darf grundsätzlich Maßnahmen durchführen, um die – nach ihrer Ansicht – vorliegenden Störungen oder Gefahren abzuwenden. In Betracht kommt auch, dass Jugendliche auf die Polizeiwache mitgenommen werden, insbesondere bei fehlender Möglichkeit der Identitätsfeststellung. Du solltest also besser immer einen Ausweis bei dir haben. Allerdings können die Beamtinnen und Beamten nicht alles machen, was ihnen in den Sinn kommt, denn jeder staatliche Eingriff in deine Persönlichkeitsrechte muss – so besagt es unser Grundgesetz – legitimiert sein. Wenn die Maßnahmen nicht erforderlich, ungeeignet oder unangemessen sind, schützt dich unser Rechtsstaat, natürlich auch im jungen Alter.

Möglich ist dann eine *Dienstaufsichtsbeschwerde* gegen Polizeipersonen. Vorgesetzte prüfen dabei, ob gegen Polizeirecht verstoßen wurde. In krassen Fällen kommt eine *Amtshaftung* in Betracht. Dann bekommt man Schadensersatz vom Staat, weil Staatsbedienstete Fehler gemacht haben. Aber: Die Haftung ist in diesem Fall – anders als bei „normalen“ Menschen – auf grobe Fahrlässigkeit und Vorsatz beschränkt. Leichtere Sorgfaltswidrigkeiten habe also keine Konsequenzen. Das steht klar im Gesetz und zeigt den Unterschied der Rechtspositionen, denn auch dabei sind vor dem Gesetz keineswegs alle gleich:

„Verletzt ein Beamter vorsätzlich oder fahrlässig die ihm einem Dritten gegenüber obliegende Amtspflicht, so hat er dem Dritten den daraus entstehenden Schaden zu ersetzen. Fällt dem Beamten nur Fahrlässigkeit zur Last, so kann er nur dann in Anspruch genommen werden, wenn der Verletzte nicht auf andere Weise Ersatz zu erlangen vermag. [...] Verletzt ein Beamter bei dem Urteil in einer Rechtssache seine Amtspflicht, so ist er für den daraus entstehenden Schaden nur dann verantwortlich, wenn die Pflichtverletzung in einer Straftat besteht. Auf eine pflichtwidrige Verweigerung oder Verzögerung der Ausübung des Amts findet diese Vorschrift keine Anwendung. Die Ersatzpflicht tritt nicht ein, wenn der Verletzte vorsätzlich oder fahrlässig unterlassen hat, den Schaden durch Gebrauch eines Rechtsmittels abzuwenden.“

Keine Macht den Drogen

Junge Menschen unterschätzen immer wieder die Gefahren von Drogen. Das ist nicht nur ihr Problem, aber für sie sind die Auswirkungen besonders gefährlich. Mach dir bitte kurz klar, wie Drogen in unserem Rechtsstaat behandelt werden. Es gibt Drogen wie Zigaretten und Alkohol, die rechtlich hingenommen werden. Hier geht es aber um die Substanzen, bei denen der Staat sogar die Selbstschädigung nicht billigt. Juristisch spricht man dabei von Verstößen gegen das *Betäubungsmittelrecht*. Im Gesetz ist nicht abschließend aufgezählt, was damit gemeint ist. Stattdessen wird auf Listen verwiesen, die aktualisiert werden können:

> „Betäubungsmittel im Sinne dieses Gesetzes sind die in den Anlagen I bis III aufgeführten Stoffe und Zubereitungen."

Es gibt bekanntermaßen eine Vielzahl von Drogen, und bei jungen Menschen ist leider die Gefahr besonders groß, dass aus Geltungsdrang oder Gruppenzwang konsumiert wird, ohne die Auswirkungen auf die Gesundheit auf dem Schirm zu haben. Lachgas und Lösungsmittel sind bereits alles andere als harmlos, und es gibt dazu immer neue Verbote. Verbreitet ist auch THC und nicht unerheblich ist der Konsum von Magic Mushrooms, deren Wirkung LSD gleichkommt. Dass noch härtere Drogen fatale Folgen haben können, sollte bekannt sein. Hier soll es aber nicht um die Gefahren der Drogen gehen, zu denen dir ein vertrauliches Gespräch mit Beratungsstellen empfohlen wird. Strafrechtlich ist vielmehr wichtig, zwischen dem Konsum von Drogen und dem Handel damit zu unterscheiden, wobei das reine Konsumieren weniger bestraft wird als das Vertreiben.

Zwei rechtliche Aspekte noch: Wenn unter Drogeneinfluss Verträge abgeschlossen werden, können sie unwirksam sein. Falls unter Drogeneinfluss Straftaten begangen werden, kann die Schuldfähigkeit entfallen. Das heißt aber natürlich nicht, dass man sich in einen Vollrausch versetzen und dann dem neuen Freund der Ex das Moped zerkratzen darf. Der frühere Tatentschluss wird dann nämlich vorgeworfen und es gibt eine Strafe.

Merke: Drogenkonsum und -handel sind verboten mit Ausnahme der legalisierten Bereiche. Sie können aber neben strafrechtlichen auch weitere rechtliche Folgen haben wie Schulverweise, Jobkündigungen, Unwirksamkeit von Verträgen.

28 Vor Gericht und auf hoher See

„Dafür verklage ich Sie“ – oha, das kann Ärger geben, aber was passiert eigentlich, wenn man „verklagt“ wird oder selbst „klagt“? Hier ein paar Grundlagen:

Es kommt nicht allzu häufig vor, aber auch junge Menschen können in Gerichtsverfahren eingebunden werden. Wenn dir das passiert, bist du aber keineswegs „ausgeliefert wie auf hoher See“. Die Gerichte machen weitgehend ordentliche Arbeit, kein Grund für großes Misstrauen. Du kannst als Klägerin oder Kläger, Beklagte(r), Angeklagte(r) sowie als Zeugin oder als Zeuge in Prozesse verwickelt sein und es hilft, sich grob zu informieren, wie unsere Gerichte arbeiten. Wenn du neugierig bist, geh doch einfach mal zu einer Gerichtsverhandlung. Die meisten davon sind öffentlich, also für Zuschauer frei. Ausnahmen gibt es im Jugendstraf- und im Familienrecht. Das dient dem Schutz junger Menschen, denn es fühlt sich nicht gut an, wenn Fremde zuschauen, wie die eigenen rechtlichen Probleme verhandelt werden.

Recht haben und Recht bekommen

Im Zusammenhang mit Gerichtsverfahren müssen wir zunächst unterscheiden, ob Zivilgerichte, Strafgerichte oder Verwaltungsgerichte zuständig sind. Wenn es um Verträge, Haftung usw. geht, also um Streit zwischen Personen sowie Unternehmen, sind die *Zivilgerichte* zuständig, beispielsweise bei einer Kündigung des Handyvertrages. Geht es um den Strafanspruch des Staates, sind *Strafgerichte* zuständig, z.B. beim Diebstahl des Handys. Haben Bürgerinnen und Bürger Streit mit Behörden, können sich *Verwaltungsgerichte* darum kümmern, etwa bei einem Schulverweis.

In Deutschland haben wir übrigens keine Jury. Geschworene, wie sie in amerikanischen Spielfilmen – und dort auch real – vorkommen, gibt es hier nicht. Nur ausnahmsweise sind nicht juristisch ausgebildete Personen an Gerichtsverfahren beteiligt, bei Handelssachen unter Kaufleuten als sog. Handelsrichter und bei Schöffengerichten im Jugendstrafrecht als sog. Schöffen.

Und noch kurz zur Struktur der Gerichte: Wir haben Amts-, Land- und Oberlandesgerichte. Wann die jeweils zuständig sind, richtet sich nach der Bedeutung der Sache und danach, ob gegen eine gerichtliche Entscheidung durch Berufung vorgegangen wird, denn dann prüft ein höheres Gericht, ob in der niedrigeren Instanz ein Fehler gemacht wurde. Eine wichtige Grenze ist der *Streitwert*, das ist ein bestimmter Betrag, bis zu dem das Amtsgericht und nicht das Landgericht in erster Instanz zuständig ist. Warum ist das so wichtig? Weil beim Amtsgericht nur eine Richterin oder ein Richter entscheidet, beim Landgericht und beim Oberlandesgericht aber grundsätzlich drei Richterinnen und Richter. Die sehen mehr.

Der Vollständigkeit halber ist noch zu erwähnen, dass es auch auf Bundesebene Gerichte gibt, die sich besonderer Rechtsfragen annehmen, mit denen aber junge Menschen selten in Kontakt kommen.

Da steht doch dann Aussage gegen Aussage?

Wenn sich Menschen vor Gericht streiten, kommt es nicht selten vor, dass einer lügt, bis sich die Balken biegen. Wem man glauben soll, ist dann die zentrale Problematik. Dazu kursiert in der Öffentlichkeit das Gerücht, dass eine Zeugenaussage durch mehrere Gegenaussagen entkräftet werden könne.

Nein, so ist das nicht. Richterinnen und Richter nehmen eine *freie Beweiswürdigung* vor. Es kann also durchaus sein, dass dir geglaubt wird, wenn mehrere andere lügen. Die Gerichte können zwar niemandem hinter die Stirn schauen, aber sie haben Erfahrung.

Die Abläufe bei Gerichtsverhandlungen in Deutschland sind in der *Zivilprozessordnung* niedergeschrieben, aber das ist für juristische Laien oft nicht leicht verständlich und sehr formalistisch.

Rechtsanwälte und -anwältinnen sind *Organ der Rechtspflege,* also wichtige Säulen im Rechtsstaat. Einerseits müssen sie natürlich mit ihrer Rechtsberatung und Prozessvertretung Geld verdienen, andererseits haben sie aber auch eine Verpflichtung übernommen, damit unser Rechtssystem funktioniert. Dazu legen sie sogar einen Eid ab, bevor dann die Robe – der schwarze Umhang – getragen werden darf. Der Text ist in der Bundesrechtsanwaltsordnung vorgegeben und zeigt, was bei der Berufsausübung beachtet werden muss:

> „Der Bewerber hat folgenden Eid vor der Rechtsanwaltskammer zu leisten: ‚Ich schwöre bei Gott dem Allmächtigen und Allwissenden, die verfassungsmäßige Ordnung zu wahren und die Pflichten eines Rechtsanwalts gewissenhaft zu erfüllen, so wahr mir Gott helfe.' Der Eid kann auch ohne religiöse Beteuerung geleistet werden."

Wenn du dich mit einem Rechtsproblem nicht genug auskennst, kannst du anwaltliche Beratung nutzen, denn zu Rechtsauskünften sind nach unserem Rechtsdienstleistungsgesetz grundsätzlich nur zugelassene Rechtsanwältinnen und Rechtsanwälte berechtigt.

Falls du in einen Prozess eingebunden bist, sei es klagend oder beklagt, benötigst du grundsätzlich anwaltliche Prozessvertretung. Das ist nur beim Amtsgericht nicht verpflichtend, weil es da um weniger geht. Dort kannst du selbst versuchen, die Richterin oder den Richter zu überzeugen. Jemand mit nachgewiesener Expertise an deiner Seite kann allerdings immer helfen.

Noch eines: Für Rechtsrat muss oft gezahlt werden, was mit den Rechtsberatenden vereinbart wird, aber zumindest bei Anwaltsunterstützung in Prozessen sind in der *Rechtsanwaltsgebührenordnung* Honorarbeträge vorgeschrieben und es ist – zumindest hierzulande – absolut unzulässig, nur beim gewonnenen Prozess zahlen zu müssen.

By the way: Die Jura-Welt kann auch unterhaltsam dargestellt werden. Die TV Serie *Suits* (englisch für „Klagen“, nicht für „Anzüge“) stellt manches aus der Anwaltsszene gut dar, auch wenn es sich dort um eine Kanzlei in New York dreht und dort Anwaltstätigkeit ganz anders ausschaut.

Merke: Wie es bei Gerichten zugeht, wissen viele Menschen nicht. Das ist auch primär die Aufgaben von Rechtsanwältinnen und Rechtsanwälten, aber einige Irrtümer sollten ausgeräumt werden.

29 18 Kerzen auf der Torte

Nun kommen wir auf der Reise durch dein Leben an den Punkt der Volljährigkeit.

Rechtlich auf eigenen Beinen

Das Jugendschutzgesetz greift nun nicht mehr. Allerdings gibt es das Sozialgesetzbuch VIII, und das bezieht sich auf „junge Menschen", so steht es im Buchtitel. Rechtlich passiert ganz viel mit dem 18. Geburtstag: Du bist voll geschäfts-, aber auch voll schuldfähig. Doch bis zum 27. Geburtstag geht es weiter mit einigen rechtlichen Besonderheiten. Trotzdem wird natürlich erwartet, dass du in der Rechtsgemeinschaft integriert bist.

Rechtswissen als Basis unserer Gesellschaft

Was du als junger Mensch über Recht gelernt hast, begleitet dich dein Leben lang. Es soll dir helfen, bewusst und frei entscheiden zu können, ob und mit wem du Rechtsgeschäfte eingehst. Diese Freiheit, also die Idee der Privatautonomie, kann nur funktionieren, wenn wir alle wissen, was rechtlich vorgegeben ist. Mit Erreichen der Volljährigkeit sollte deshalb etwas Wissensdurst auf Rechtliches verbleiben. Rechtswissen sollte das ganze Leben lang bewahrt und ausgebaut werden, denn es wird bestimmt Situationen geben, in denen du es nutzen und damit sogar Geld sparen oder Ärger vermeiden kannst. Optimal wäre es, wenn du Nachrichten über Urteile, Gesetzesinitiativen und sonstige rechtliche Geschehnisse verfolgst. Da genügt es meistens schon, Tageszeitungen zu lesen, weil Journalisten rechtliche Themen aufgreifen.

Immer mehr ahnungslose Rechthaberei

Was die Zukunft bringt, können wir nur erahnen, aber leider sind wir nicht auf dem Weg dahin, dass Menschen immer friedlicher miteinander auskommen. Rechtsstreit nimmt zu, das Beharren auf das eigene Recht, sich durchsetzen, nicht „klein beigeben". Traurig, aber auch du kannst helfen, dass die Gesellschaft nicht vom Prinzip „struggle for live, survival of the fittest" geprägt ist, dem Recht des Stärkeren, wie der Biologe Charles Darwin es vor langer Zeit in Bezug auf die Evolution beschrieben hat. Es gibt nämlich auch den Grundsatz des Philosophen Immanuel Kant, wonach du so leben solltest, wie du dir wünschst, dass alle leben. Das ist – stark vereinfacht – der sog. kategorische Imperativ, und der hat viel mit Recht und Rechtsstreit zu tun. Kant hat übrigens auch den allgemeinen Grundsatz geprägt, wonach dein Recht nur so weit reicht, bis es das Recht anderer tangiert, plastisch: Musik nur so laut aufdrehen, dass es deinen Nachbarn nicht den Schlaf raubt. Das steht zudem in unserem Grundgesetz:

„Jeder hat das Recht auf die freie Entfaltung seiner Persönlichkeit, soweit er nicht die Rechte anderer verletzt […]."

Da wir nun aber die Welt mit diesem Buch nicht verbessern können, wäre es schon hilfreich, wenn du bei Rechtsstreitigkeiten einen kühlen Kopf bewahrst, selbstbewusst durch dein Grundwissen, denn Unsicherheit und Schwäche können aggressiv und vielleicht sogar streitsüchtig machen.

Merke: Rechtswissen fehlt oft auch Erwachsenen. Es macht Sinn, sich weiter schlau zu machen.

30 Selbst Kinder haben

Schauen wir weiter in die Zukunft, hin zu der Zeit, in der du (vielleicht) selbst Mama oder Papa, Oma oder Opa bist und mit deinen eigenen Kindern oder Enkelkindern über „Rechtswissen für junge Menschen“ sprichst.

Schwangerschaftstest

Junge Menschen können selbst Eltern werden, gewollt oder ungewollt. In dem kritischen Moment, in dem sich auf einem Streifen beim Schwangerschaftstest Weichen in deinem Leben stellen können, ist das Recht sehr gegenwärtig. Wer darf über werdendes Leben entscheiden, wie lange und unter welchen Umständen? Bei Zweifeln, ob du ein Kind in die Welt setzen willst, hol dir Hilfe und lass dich beraten. Rechtlich sind Schwangerschaftsabbrüche bei jungen Menschen oft möglich, jedenfalls frühzeitig. Es gibt aber auch den rechtswidrigen Schwangerschaftsabbruch und der ist sogar strafbar. Klarer Tipp: Schnelle Hilfe holen, auch konkrete Rechtsberatung. Das Internet bietet eine Auswahl hoffentlich kompetenter Stellen.

Eltern und Recht

Wenn du früher oder später selbst Nachwuchs hast, sind damit rechtlich einige Pflichten verbunden. Ist die Entscheidung für ein Kind gefallen, wirst du mit diversen Rechtsfragen konfrontiert. Es muss ein Name vergeben werden, Verantwortung für das (noch junge) Leben liegt bei dir, rechtliche Entscheidungen über medizinische Aspekte usw. sind zu treffen. Ob diese Situation überhaupt in deinem Leben vorkommen wird und ob du dann noch ein „junger Mensch“ bist, wird sich zeigen, aber rechtliches Knowhow wird dann sicher helfen.

Bis dahin können sich unsere Gesetze geändert haben, vielleicht können dann Heranwachsende schon ab dem 6. Geburtstag mit ihrem Taschengeld shoppen oder ab dem 8., wir werden sehen. Wichtig ist, dass ein Bewusstsein für die Bedeutung des Rechts weitergetragen wird. Wir müssen uns immer wieder klarmachen, dass Menschen in einer Rechtsgemeinschaft zusammenleben. Du wirst viele rechtliche Erfahrungen machen. Gib sie weiter.

! **Merke:** Das Recht wird alle Generationen überdauern. Es wird sich verändern, wie du. Seine Grundstrukturen, die Logik des Rechts und seine Durchsetzung werden auch künftig wichtig für unser Leben sein.

VII Lessons learned

Fertig, geschafft! Das war jetzt noch kein Jurastudium, aber du wirst künftig merken, dass dir das Lesen geholfen hat. Hoffentlich haben die beschriebenen Lebenssituationen es dir leichter gemacht, dir Rechtsprobleme vorzustellen. Wie wichtig das Recht in unserem Leben ist, dürfte dir auf jeden Fall klarer geworden sein. Steck also nicht den Kopf in den Sand, wenn es um rechtliche Dinge geht. Hol Dir notfalls Hilfe und sei zuversichtlich, dass du „dein Recht" bekommst.

Was an Rechtswissen nun in deinem Kopf gespeichert wurde, kann komprimiert zusammengefasst werden:

- Schule, Erziehung, Trennung – junge Menschen stehen rechtlich im Fokus und es gibt viele Gesetze, die sie schützen.
- Schon ab dem 7. Geburtstag können junge Menschen Verträge abschließen, meistens aber nur mit Zustimmung der Eltern. Finanzielle Aspekte sind rechtlich besonders geregelt mit dem Ziel, junge Menschen vor Fehlern aus Unerfahrenheit zu bewahren.
- Das Konsumleben ist komplex, aber auch dort gibt es rechtlichen Schutz. Werbung ist oft unverbindlich, Verträge müssen nicht schriftlich sein und wenn man sich irrt oder getäuscht wird, kann man von einem Geschäft zurücktreten. Bei Qualitätsproblemen von Waren gilt der Grundsatz, dass der Verkäuferseite zumindest noch eine Chance zu geben ist, sie zu beheben.
- Im Internet lauern ziemlich viele Gefahren und rechtlich gibt es dort Besonderheiten, insbesondere Widerrufsrechte. In diesem Bereich werden mehr und mehr Herausforderungen für die Digital Natives zu lösen sein.

- Im Straßenverkehr sind besonders viele Rechtsvorgaben zu beachten. Junge Menschen müssen hier auf andere Rücksicht nehmen, denn sonst können schlimme Folgen eintreten.
- Auch in der Öffentlichkeit sind junge Menschen seitens des Staates besonders geschützt. In jedem Fall ist es wichtig, sich mit den Erziehungsberechtigten abzustimmen.
- Bei den typischen Kontakten junger Menschen ist zu bedenken, welche Rechte und Pflichten das Gesetz für den sozialen Umgang miteinander vorgibt, insbesondere bei sozialen Medien.
- Wenn du im Verein oder in einer Partei aktiv bist, ein Haustier hast, deine Fußspuren in der Umwelt hinterlässt, auf Reisen gehst usw., findest du im Gesetz viele Besonderheiten, die auch junge Menschen betreffen.
- Mieterinnen und Mieter von Wohnraum werden vom Gesetzgeber in vielerlei Hinsicht geschützt. Das ist für junge Menschen besonders wichtig, weil der Auszug ein großer Schritt ins Erwachsenenleben ist.
- Im Kontext von Arbeitsverhältnissen existieren viele Vorgaben zum Schutz der Arbeitnehmenden. Wer sie nicht kennt, lässt Chancen ungenutzt.
- Falls du unternehmerisch tätig werden möchtest, gibt es gesetzlich hilfreiche Möglichkeiten, um Chancen zu nutzen und Risiken zu mindern.
- Bei Haftungsproblemen im Zusammenhang mit Schaden spielen Vorsatz und Fahrlässigkeit eine zentrale Rolle, aber es gibt Besonderheiten.
- Gegen willkürliche Aktionen von Behörden, auch der Polizei, schützt dich das Recht. Der Rechtsstaat basiert auch darauf, dass der Staat selbst rechtliche Vorgaben einhalten muss.
- Was strafbar ist, sollte bekannt sein – wenn auch junge Menschen in der Rechtsordnung noch etwas weniger streng behandelt werden.

- Bei rechtlichen Auseinandersetzungen kann niemand sich einfach mit Gewalt und Druck durchsetzen. Hilfreich ist ein Grundverständnis darüber, wie Gerichte arbeiten, und die Einsicht, dass „Recht haben“ und „Recht bekommen“ nicht immer Hand in Hand gehen. Natürlich müssen die Regeln, wie wir in Gemeinschaft miteinander auskommen, letztlich durchsetzbar sein. Jedenfalls solange, bis wir alle gelernt haben, konfliktfrei miteinander auszukommen – ein schönes Ziel!

Recht ist Teil unseres Lebens. Davor kann man nicht einfach die Augen verschließen. Wir müssen uns damit auskennen, jedenfalls ein wenig.

Nachweis der Quellen und Zitate

1 Andreas Gran: Fehlende Bürgernähe des Bürgerlichen Gesetzbuches. Ergebnisse einer empirischen Untersuchung zu Rechtskenntnissen in der Bevölkerung. Veröffentlicht in: Monatsschrift für deutsches Recht MdR, 2022, S. 1521-1527. Auch die Rechtskenntnisse in Unternehmen wurden untersucht. Die Ergebnisse dieser Studie sind in der Zeitschrift Internationales Handelsrecht IHR, 2025, S. 85-94, veröffentlicht.

2 Das Zitat wird häufig Bertold Brecht zugeschrieben, es ist aber nicht sicher, ob es wirklich von ihm stammt. Petra Kelly (1947–1992, Friedens-, Umwelt-, und Menschenrechtsaktivistin, Politikerin der „Grünen") hat es in einer Bundestagsrede verwendet und sich dabei auf Papst Leo XIII. (1810–1903) berufen. Vgl. Deutscher Bundestag, Stenographischer Bericht, 10. Wahlperiode, 13. Sitzung, 15.06.1983, S. 768.

3 Ob die Aussage tatsächlich von Sokrates stammt, ist nicht belegbar. Vgl. Dissertation von Kenneth J. Freeman: Schools of Hellas. An essay on the practice and theory of Ancient Greek Education from 600 to 300 B.C., S. 74; https://www.gutenberg.org/files/63644/63644-h/63644-h.htm, Zugriff: 19.09.2025.

4 https://gutezitate.com/zitat/108662, Zugriff: 19.09.2025.

5 https://www.gutzitiert.de/zitat_autor_richard_freiherr_von_weizsaecker_thema_jugend_zitat_2173.html, Zugriff: 19.09.2025.